AF315418

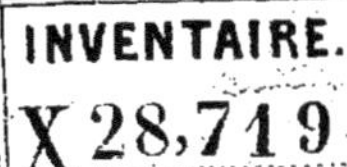

LA
LANGUE FRANÇAISE

ENSEIGNÉE

AUX ÉTRANGERS

Ouvrage divisé en quatre parties

PRONONCIATION, ORTHOGRAPHE, CONSTRUCTION, SIGNIFICATION

AU MOYEN DUQUEL

Tout étranger qui comprend et parle déjà le français
pourra facilement, et sans quitter son pays, se perfectionner lui-même
dans la connaissance de cette langue

PAR

EMAN MARTIN

Professeur spécial pour les étrangers, à Paris

PREMIÈRE PARTIE :

ÉTUDE DE LA PRONONCIATION

Prix : 2 fr. 50 c.

PARIS

CHEZ L'AUTEUR, RUE DE LA CHAUSSÉE-D'ANTIN, 19 *bis*

ET AUX LIBRAIRIES DE

STASSIN ET XAVIER 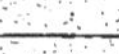 REINWALD
Rue de la Banque, 22.   Rue des Saints-Pères, 15.

1859

LA LANGUE FRANÇAISE

ENSEIGNÉE

AUX ÉTRANGERS

Tout exemplaire non revêtu de ma signature sera réputé contrefait, et tout contrefacteur ou débiteur de contrefaçon sera poursuivi selon la rigueur des lois.

LA
LANGUE FRANÇAISE

ENSEIGNÉE

AUX ÉTRANGERS

Ouvrage divisé en quatre parties

PRONONCIATION, ORTHOGRAPHE, CONSTRUCTION, SIGNIFICATION

AU MOYEN DUQUEL

Tout étranger qui comprend et parle déjà le français
pourra facilement, et sans quitter son pays, se perfectionner lui-même
dans la connaissance de cette langue

PAR

EMAN MARTIN

Professeur spécial pour les étrangers, à Paris

PREMIÈRE PARTIE :

ÉTUDE DE LA PRONONCIATION

PARIS

CHEZ L'AUTEUR, RUE DE LA CHAUSSÉE-D'ANTIN, 19 *bis*

ET AUX LIBRAIRIES DE

STASSIN ET XAVIER | **REINWALD**
Rue de la Banque, 22. | Rue des Saints-Pères, 15.

1859

PLAN DE L'OUVRAGE.

I.

Lorsqu'au moyen de méthodes écrites dans leur propre idiome, ou autrement, les étrangers sont parvenus à comprendre et à parler la langue française, de quels ouvrages peuvent-ils se servir s'ils veulent pousser plus loin leurs études?

Évidemment de nos grammaires.

Mais ces livres sont loin de répondre à tous les besoins des étrangers, car ils ont le triple inconvénient tantôt de ne faire qu'effleurer certains points très-difficiles pour eux, quelquefois de s'étendre là où ce n'est pas nécessaire, toujours de passer sous silence une foule de choses qui, non d'obligation dans un enseignement aux Français, n'en sont pas moins, pour les étrangers, des plus indispensables à connaître.

Il résulte de là que, relativement à la langue française, la voie du progrès est, en quelque sorte, fermée aux étrangers, après leurs études élémentaires, s'ils ne peuvent pas venir passer en France un certain nombre d'années.

Mais il n'est pas donné à tous de séjourner au milieu de nous; et même, parmi ceux qui ont cette faculté, il en est peu qui puissent en profiter assez longtemps pour apprendre réellement bien notre langue.

On est donc amené à conclure qu'il existe une lacune dans l'enseignement écrit de la langue française aux étrangers, lacune des plus préjudiciables à ces derniers, puisque, sans certaines conditions que la fortune même ne peut pas toujours maintenir, ils ne peuvent guère espérer un notable perfectionnement dans cette branche de leurs connaissances.

Il n'est pas nécessaire de pratiquer longtemps les étrangers en qualité de professeur pour reconnaître le peu de ressources que leur offrent nos livres, et pour avoir bientôt l'idée d'un cours qui leur soit spécialement destiné.

C'est cette idée que j'essaie de réaliser par la publication du présent ouvrage.

II.

Étant donné un étranger arrivé à comprendre et à parler le français, il s'agissait de satisfaire son désir de descendre plus profondément dans la connaissance de cette langue, sans qu'il eût besoin ni de quitter son pays, ni même de recourir à un maître.

Ai-je trouvé une solution complète au problème? Je n'ai point la témérité de le prétendre; c'est à mes lecteurs de voir, quand je leur aurai exposé mon plan, jusqu'à quel point ma tentative aura été heureuse.

La lacune à laquelle je m'attaquais était double en quelque sorte; elle provenait, d'un côté, d'un cadre trop étroit, et de l'autre, d'une absence complète de toute préoccupation au sujet des difficultés que peuvent rencontrer les étrangers. Pour déterminer avec certitude les bases d'un cours à la fois complet et spécial, il me fallait donc résoudre deux questions; l'une générale : *Quelles sont les parties à étudier pour acquérir l'entière connaissance d'une langue?* l'autre particulière au français : *Quels sont, dans chacune de ces parties, les points qui d'ordinaire embarrassent le plus les étrangers ?*

Voici comment j'ai résolu la première :

Supposons que l'on veuille exprimer, dans une langue étrangère quelconque, l'anglais par exemple, la pensée contenue dans ces vers de Racine :

> Celui qui met un frein à la fureur des flots
> Sait aussi des méchants arrêter les complots.

Que faudra-t-il savoir d'abord? — Évidemment comment se disent : *Celui, qui, met, un, frein, à, la, fureur,* etc., etc., c'est-à-dire les mots qui, en anglais, *signifient* la pensée énoncée dans notre langue.

Après? — L'ordre dans lequel on doit *arranger* ces mots pour se conformer au génie de la langue anglaise.

Et ensuite? — Il faudra savoir *prononcer* les mots ainsi arrangés, selon l'usage reçu parmi les personnes qui parlent bien anglais.

Sera-ce tout? — Non; si l'on veut transmettre cette pensée au-delà de la portée de la voix, dans le temps ou dans l'espace, ce qui est un cas très-fréquent, il restera à *représenter* ces mots au moyen de certains signes graphiques convenus d'avance.

Ainsi l'étude de la langue anglaise, pour un Français, comprendrait quatre parties essentielles.

Mais la langue française, relativement à un étranger qui veut en acquérir la connaissance, est comme la langue anglaise relativement à un Français qui veut s'instruire dans cette dernière. L'étude de la langue française, pour un étranger, comprend donc aussi ces mêmes quatre parties : LA SIGNIFICATION, LA CONSTRUCTION, LA PRONONCIATION et L'ORTHOGRAPHE.

Quant à la solution complexe de la seconde question, elle ne pouvait m'être fournie que par l'expérience.

Or, qu'est-ce que celle-ci m'avait appris ? — Que les étrangers sont toujours embarrassés pour la construction ; que dans la conversation ils manquent de mots et d'expressions familières ; qu'ils ont dans la prononciation plus d'un défaut à corriger, et que, sous le rapport de l'orthographe, il en est peu qui se soient rendus maîtres des difficultés.

J'ai cru alors qu'un cours fait exprès pour eux devait, dans chaque partie fondamentale, traiter au moins les points suivants :

CONSTRUCTION. — Emploi de l'article, des pronoms relatifs, des modes et des temps du subjonctif ; étude de tout ce qu'il est nécessaire de savoir sur la place relative des mots, sur les propositions, sur leurs parties constitutives et sur les tournures de notre langue, pour être mis en état de faire une phrase en bon français.

SIGNIFICATION. — La langue familière : ses mots, ses expressions, ses proverbes ; ce qui est relatif aux synonymes, aux homographes ; aux paronymes ; étude des parties invariables du discours.

PRONONCIATION. — Ce qui concerne les voyelles, les consonnes ; étude des longues et des brèves ; cas dans lesquels il faut supprimer l'*e* muet ; règles pour grouper les mots d'une phrase ; comment et dans quels cas on fait les liaisons ; du ton à donner à ce qu'on lit ; enfin, lecture des vers.

ORTHOGRAPHE. — Manière de placer les accents ; abréviations ; étude des initiales et des finales ; règles pour distinguer le genre des noms ; orthographe des homophones ; pluriel dans les noms composés ; accord de l'adjectif avec le substantif, du verbe avec son sujet ; règles des participes, tant présents que passés.

III.

Après avoir résolu ainsi les deux questions que je m'étais posées, n'avais-je pas, dans son ensemble et presque dans ses détails, un programme qui était celui d'un cours aussi spécial et aussi complet qu'on pouvait le désirer?

C'est du moins ce que j'ai cru, et je me suis livré, avec toute l'ardeur dont je suis capable, à l'exécution d'un plan qui me semblait avoir chance d'approbation au-delà de nos frontières : temps, recherches patientes, conseils d'amis, je n'ai rien épargné pour réaliser, dans la mesure de mes forces, un projet qui m'offrait une des perspectives les plus séduisantes, la possibilité d'être utile à mon tour.

J'ai consacré plusieurs années à la composition de cet ouvrage, et ce n'est qu'après l'avoir remis « vingt fois sur le métier » que je me suis décidé à le livrer au public.

Maintenant mon but sera-t-il atteint? Ce cours, d'une forme toute nouvelle, est-il appelé à rendre réellement à ceux à qui je le destine les services sur lesquels j'ai compté quand l'idée m'est venue de l'entreprendre?

C'est une question que je puis faire, mais que les étrangers seuls peuvent résoudre.

Qu'ils veuillent donc bien voir, examiner, juger, et surtout ne point prononcer sans un peu d'indulgence.

Eman MARTIN.

LA LANGUE FRANÇAISE

ENSEIGNÉE

AUX ÉTRANGERS

PREMIÈRE PARTIE

PRONONCIATION.

Parmi les diverses parties qui composent l'étude d'une langue vivante, la prononciation occupe le même rang que Démosthènes lui assigne dans l'éloquence, c'est-à-dire le premier.

C'est donc par elle que je devais commencer.

Mais la prononciation s'étudie avec le plus grand avantage sur le discours fixé par l'écriture.

Or, que faut-il savoir pour bien prononcer un texte?

Deux choses : la prononciation des mots *considérés isolément,* et la prononciation des mots *réunis en phrases.*

De là deux livres pour division de cette première partie.

Dans le premier livre, j'étudie la prononciation des voyelles, celle des consonnes et la quantité des syllabes ; dans le second, je dis comment il faut grouper les mots d'une phrase pour en bien transmettre le sens ; j'expose avec détails l'importante question de la liaison des mots ; je parle du ton qu'il convient de donner à sa lecture, et, enfin, de la manière de lire les vers.

Partout je mets l'application après la règle; et, le plus souvent, quand cela est possible et avantageux pour le lecteur, à côté des mots à prononcer, je figure la prononciation en caractères plus simples.

Toutes les fois qu'il se présente une difficulté sérieuse pour les étrangers, j'insiste davantage.

Une petite main (☞) placée en tête d'un alinéa, sert, soit à avertir les étrangers de *leurs fautes,* soit à appeler plus particulièrement leur attention sur une théorie qui précède ou qui va suivre.

Le second livre, surtout à partir du chapitre III, n'a pu recevoir, pour des raisons faciles à comprendre, les mêmes développements que le premier. Les étrangers qui désireraient avoir de plus amples renseignements sur les différentes matières qui s'y rencontrent, pourraient consulter le *Manuel de l'Orateur,* par M. Duquesnois, ainsi que les *Leçons élémentaires de diction française,* par Dubroca, deux ouvrages dont j'ai dû m'inspirer moi-même pour composer cette première partie.

Quoique j'aie mis toute mon attention à rédiger mon manuscrit, je n'ai point la prétention de croire que ce volume soit irréprochable, tant s'en faut. Mais je désire vivement le corriger, l'amender autant que possible; et, pour y réussir plus facilement, je prie instamment les lecteurs qui y trouveraient des fautes, graves ou légères, de vouloir bien me les signaler. C'est un service dont je remercie d'avance ceux qui voudraient bien me donner ce témoignage d'intérêt.

LIVRE PREMIER.

PRONONCIATION DES MOTS CONSIDÉRÉS ISOLÉMENT.

Comme la prononciation d'un mot peut nécessiter une, deux et quelquefois plusieurs émissions de voix, et que chaque émission de voix ou syllabe est représentée dans l'écriture par le concours de deux sortes de lettres, les voyelles et les consonnes, il s'en suit qu'une étude de la prononciation des mots, pour être complète, doit comprendre ce qui est relatif *aux voyelles, aux consonnes* et *aux syllables*.

De là trois chapitres dans ce livre.

CHAPITRE Ier.

PRONONCIATION DES VOYELLES.

La langue française compte trois sortes de voyelles : les voyelles *simples*, les *diphthongues*, et les voyelles *nasales*.

Étudions-les successivement.

§ 1er. VOYELLES SIMPLES.

Nous avons six voyelles simples, *A, E, I, O, U* et *Y*, qui, selon la disposition buccale qui les produit, sont susceptibles chacune de plus ou moins de modifications diverses.

Des signes appelés *accents* se placent sur quelques-unes d'entre elles pour distinguer ces modifications; mais leur emploi n'est pas général, et nous avons des *a* graves, des *e* fermés et des *e* ouverts qui ne portent pas d'accents. Il résulte de là que, pour apprendre ce qui concerne la prononciation des voyelles, il faut s'enquérir de la manière de prononcer non-seulement celles qui sont accentuées, mais encore, et surtout, celles qui ne portent avec elles *aucun signe* qui puisse en marquer le véritable son.

Répondre à cette double question pour chaque voyelle simple, tel sera l'objet de ce paragraphe.

A

Cette voyelle se prononce de quatre manières différentes ; le son qu'elle a peut être *grave*, comme dans *âme*, *moyen* comme dans *nation*, *aigu* comme dans *pape*, et enfin quelquefois *nul*.

Son grave.

L'*a* doit être prononcé avec le son grave :

1° Toutes les fois qu'il porte un accent circonflexe, comme dans *âme*, *château*, *pâle*, *noirâtre*, etc. ;

2°· Dans un grand nombre de mots où il est suivi de *ss*, et dont voici les principaux : *amasser*, *basse*, *casser*, *cassie*, *grasse*, *lasse*, *passer*, *passement*, *ramasser*, *sasser*, *tasse*, *casse*.

(Tous les dérivés de ces mots ont aussi l'*a* grave : *bassement*, *passion*, etc.) ;

3° Il en est de même dans *flamme*, *oriflamme*, *esclave*.

Son moyen.

Il faut lui donner le son moyen dans les cas suivants :

1° Dans *a* voyelle, comme lorsqu'on dit : *Faites un a ;*

2° Dans *tu as*, seconde personne singulière du verbe avoir ;

3° Dans les mots *affres*, *anus*, *arrhes*, *manne*, *Jeanne*, ainsi que dans les finales des noms propres terminés par *as* : *Bias*, *Midas*, *Léonidas*, etc. ;

4° *A* est encore moyen dans les finales des mots : *ananas*, *atlas*, *as*, *hélas*.

Son aigu.

La voyelle *a* doit avoir le son aigu :

1° Dans *il a* du verbe avoir, ainsi que dans les mots *la, ma, ta, sa ;*

2° Lorsqu'il est surmonté d'un accent grave, comme dans *çà*, *déjà*, *holà*, etc. ;

3° Devant deux mêmes consonnes dont la seconde est muette ; prononcez ainsi dans : *année, apprendre, attendre, asservir*, etc. ;

4° Toutes les fois qu'il est suivi d'un autre *a*, d'un *e* ou d'un *ï*, comme dans *Isaac, aérien, Caïn* ;

5° A la fin des mots, surtout dans les monosyllabes, quand il n'est pas suivi de *s : cheval, sac, chat, car, rat, apostolat*, etc.

Mots dans lesquels A est nul.

Cette voyelle ne se prononce pas dans les mots que voici :

Saône, *pron.* Sône.
taon, — ton.
août, — oû.
aoriste, — oriste.
curaçao, — cura-sô.

E

Dans notre langue, on distingue trois sortes d'*e* qui expriment des sons tellement nuancés, que, si l'on n'en marquait pas bien la différence, on détruirait tout le charme de notre prononciation.

☞ Cette voyelle est une grosse pierre d'achoppement pour les étrangers ; ils ne devront pas s'étonner de me voir entrer ici dans les détails les plus minutieux.

Nos trois sortes d'*e* sont : l'*e fermé*, qui se prononce comme dans *bonté*; l'*e ouvert*, comme on l'entend dans *père*; et l'*e muet*, qui sonne tantôt comme dans *tenir*, et tantôt comme dans *rive*.

E fermé.

Il est ainsi appelé parce qu'on ferme presque entièrement la bouche pour le faire entendre.

On prononce ainsi tout *e* marqué d'un accent aigu, comme dans *vérité, sonorité, publicité, antiquité*, etc.

Mais il y a un grand nombre de mots dans la finale desquels *e* doit être prononcé fermé, sans qu'aucun accent vienne en avertir. Ce sont :

1° Les noms en *er* qui désignent une profession, un arbre fruitier :

<table>
<tr><td>boulanger,</td><td>*pron.*</td><td>boulan-jé.</td></tr>
<tr><td>pommier,</td><td>—</td><td>pomié.</td></tr>
<tr><td>serrurier,</td><td>—</td><td>sérurié.</td></tr>
<tr><td>cerisier,</td><td>—</td><td>serizié.</td></tr>
</table>

2° Les verbes de la première conjugaison à l'infinitif ; ainsi

<table>
<tr><td>chanter,</td><td>*se pron.*</td><td>chanté.</td></tr>
<tr><td>sauter,</td><td>—</td><td>sauté.</td></tr>
<tr><td>parler,</td><td>—</td><td>parlé.</td></tr>
</table>

Nota. Je dirai, en traitant de la prononciation des mots réunis en phrases, dans quel cas le *r* final de ces verbes doit se lier avec le mot suivant.

3° Les mots terminés par *ez*, et, par conséquent, toutes les secondes personnes plurielles de nos verbes.

<table>
<tr><td>nez,</td><td>*pron.*</td><td>né.</td></tr>
<tr><td>rez-de-chaussée,</td><td>—</td><td>ré-de-chaussée.</td></tr>
<tr><td>vous parlez,</td><td>—</td><td>vous parlé.</td></tr>
<tr><td>vous courez,</td><td>—</td><td>vous couré.</td></tr>
</table>

4° Enfin, ceux qui commencent par *e* suivi d'une consonne redoublée :

<table>
<tr><td>effraction,</td><td>*pron.*</td><td>é-frac-sion.</td></tr>
<tr><td>ecchymose,</td><td>—</td><td>é-ki-môze.</td></tr>
<tr><td>effet,</td><td>—</td><td>é-fè.</td></tr>
</table>

Il y a une exception quand la consonne redoublée est un *m ;* ainsi les mots

<table>
<tr><td>emmener,</td><td>*se pron.*</td><td>an-mené.</td></tr>
<tr><td>emmancher,</td><td>—</td><td>an-manché.</td></tr>
<tr><td>emmagasiner,</td><td>—</td><td>an-magaziné.</td></tr>
</table>

E ouvert.

Cet *e* est ainsi appelé parce que sa prononciation exige qu'on ait la bouche plus ouverte que pour prononcer l'*e* fermé.

Il y a deux sortes d'*e* ouverts : l'*e ouvert moyen,* comme on le prononce dans *père,* et l'*e très-ouvert,* comme on l'entend dans *être.*

E ouvert moyen.

Cet *e* doit se faire entendre :

1° Dans les finales des mots où *e* porte un accent grave ; prononcez-le ainsi dans *mère, nièce, frère, grève, chèvre, lèvre,* etc. ;

2° Lorsque, soit au milieu ou à la fin des mots, il est suivi d'une consonne redoublée, comme dans *tendresse, cruelle, sonnette, tonnerre,* etc. ;

3° Dans les finales en *et* et en *el :*

objet,	*pron.*	objè.
trajet,	—	trajè.
appel,	—	apèle.
cruel,	—	cruèle.

4° Dans la finale *er* des mots suivants ; mais alors il faut *allonger* le son de l'*e,* ce que je marque par trois points.

mer,	*pron.*	mè…re.
cher,	—	chè…re.
amer,	—	amè…re.
fier,	—	fiè…re.

E très-ouvert.

L'*e* doit être prononcé très-ouvert dans les cas suivants :

1° Lorsqu'il est surmonté d'un circonflexe, comme dans *suprême, extrême, frêle, grêle, tempête, prêtre,* etc. ;

2° Quand il appartient à l'un des monosyllabes suivants : *mes, tes, ses, les, des, ces.*

☞ Je recommande ces petits mots à l'attention des étrangers, qui les prononcent le plus souvent, à tort, comme s'il y avait : *mé, té, sé, lé, dé, cé.*

3° A la fin des mots, surmonté d'un accent grave et suivi de *s;* de plus, alors, il est *long.*

grès,	*pron.*	grè...
abcès,	—	abcè...
procès,	—	procè...
congrès,	—	congrè...

E muet.

Ce qu'on appelle *e* muet est un *e* non accentué qui se trouve à la fin d'une syllabe, dont la prononciation est tantôt *eu* aigu, et tantôt un son à peine perceptible, qui n'est autre que la prolongation du son sans cesse affaibli de la lettre qui précède cet *e* immédiatement. *Grever* fournit un exemple de la première espèce d'*e* muet; *brise, vie,* offrent un exemple de la seconde.

Maintenant il s'agit de savoir, un *e* muet étant donné, à laquelle de ces deux espèces il appartient.

Je ferai deux cas : dans le premier, je ne considérerai qu'un seul *e,* dans le second j'en considérerai plusieurs à la suite l'un de l'autre dans des syllabes différentes.

Premier cas : un seul *e* muet.

Voici quand cette voyelle doit se prononcer *eu* aigu :

1° dans les monosyllabes *je, me, te, se, le;*

2° Dans les noms des lettres nommées d'après Port-Royal ; ainsi :

un **B,**	*se pron.*	un beu.
un **M,**	—	un meu.
un **D,**	—	un deu.

3° Quand il se trouve entre deux ou plusieurs consonnes qui *ne peuvent se prononcer seules à la suite l'une de l'autre.* Ainsi il sera prononcé dans les mots suivants et autres d'une semblable combinaison de consonnes :

accoutrement, ajournement, arlequin, admirablement,

attendu que les groupes de consonnes *trm, rnm, rlq, blm,* sont d'une articulation excessivement dure, pour ne pas dire impossible.

Maintenant voici les cas où un *e* muet est *nul* ou à peine sensible :

1° Lorsqu'il est la dernière lettre d'un mot. Ainsi *niche, risque, brave, fresque, biche*, etc., se prononcent absolument comme s'il n'y avait pas d'e final ;

2° Dans les futurs et les conditionnels des verbes en *ier* ou *éer* à l'infinitif ; mais, dans ce cas, on *allonge* l'*i* ou l'*é* qui précède l'*e* muet, (je marque par trois points les voyelles longues) :

tu prieras,	*pron.*	tu pri...râ...
nous scierons,	—	nous si...ron...
vous agréeriez,	—	vous agré...rié.
ils créeraient,	—	ils cré...rè...

3° Dans les dérivés ou dans la conjugaison des verbes ayant l'infinitif en *ger*, parce qu'alors il est lettre euphonique :

gageure,	*pron.*	gajure.
nous nageons,	—	nous najon...
je gageais,	—	je gajè...

4° Quand *e* muet se trouve entre deux ou plusieurs consonnes et que *sa suppression ne donne pas lieu à une prononciation dure.* —Ainsi on ne le fait pas sentir dans les mots suivants :

acheminer, amener, alignement, chapelain,

parce que *achm, amn, lignm, chapl*, peuvent se prononcer sans la moindre difficulté.

Nota. Tel *e* qui est muet à l'infinitif, peut devenir *ouvert* dans la conjugaison, quand il se trouve suivi d'une syllabe muette ; du reste, l'écriture indique ce changement, soit en mettant un accent grave, soit en doublant la consonne. Ainsi les verbes *mener, appeler, jeter,* ont parmi leurs formes : *il mène, il appelle, il jette.*

Deuxième cas : deux ou plusieurs *e* muets dans des syllabes qui se suivent.

Rien n'est plus contraire à la bonne prononciation que de donner le son *eu* aigu à chacun des *e* muets qui peuvent se trouver dans des syllabes qui se suivent immédiatement.

Les uns doivent être conservés, les autres supprimés. Voici des règles générales à ce sujet :

1° Quand deux syllabes muettes sont consécutives, la première se prononce *eu* aigu, et la seconde *disparaît* complétement. Ainsi dans

revenir,	*pron.*	reuv'nir.
il faut le mener,	—	il fô leum' né.
je le dis,	—	jeul' di.
je reviens,	—	jeur' vien.

☞ Les étrangers doivent bien faire attention qu'ici la consonne qui précède l'*e* supprimé se joint, *non pas avec la consonne qui la suit*, mais bien *avec la syllabe précédente*. On prononce *reuv' nir* et non pas *reu-v'nir*, *jeul' di* et non pas *jeu l'di*. En faisant ainsi rétrograder la première consonne, on peut supprimer beaucoup plus d'*e* muets que si cette consonne se rapprochait de celle qui vient après elle.

2° Dans le cas de trois syllabes muettes consécutives, on prononce, généralement, *eu* bref dans la *première* et dans la *troisième ;* l'*e* muet disparaît complétement dans la *seconde* syllabe. Les phrases suivantes et autres analogues :

il faut te le mener,	*se pron.*	il fô teul' meuné.
je ne le trouvai plus,	—	jeun' leu trouvé plu.

3° S'il se présentait un plus grand nombre de syllabes renfermant un *e* muet, on suivrait une marche analogue, c'est-à-dire que les *e* de nombre *impair* se prononceraient *eu* aigu, tandis que ceux de nombre *pair* seraient entièrement *nuls*. En vertu de ce principe, cette phrase familière :

je te le recevrai en conséquence,
se pron. jeut' leur' ceuvré en consékanse.

Nota. Ces règles, que j'ai données comme générales, n'ont rien d'absolu. Elles sont établies pour la douceur de la prononciation sans doute ; mais dès que, par suite d'un certain concours de consonnes, l'application de ces règles devrait choquer l'oreille, il est évident qu'il n'en faudrait point faire usage. Supposons, par exemple, qu'on ait à prononcer : *Écoute bien ce que je te dis ;* comme *ceuk' jeut'* plaît moins à notre oreille que *c' keuj' teu*, nous faisons une exception à la règle. Il en est de même pour une foule d'autres cas.

E ayant le son de A

Dans les mots *indemnité, indemniser, femme ;* dans *solennel, hennir* et leurs composés, ainsi que dans tous les adverbes terminés par *emment,* la voyelle *e* sonne comme *a.*

indemnité,	*pron.*	indam' nité.
hennir,	—	hanir.
femme,	—	fame.
solennel,	—	solanel.
prudemment,	—	prudaman.

I

Cette voyelle ne se modifie pas, elle est toujours *aiguë* ; seulement si elle est surmontée d'un accent circonflexe, on *l'allonge* en la prononçant (les points indiquent une voyelle longue) :

abîme,	*pron.*	abi...me.
gîte,	—	gi...te.
dîme,	—	di...me.
il gît,	—	il gi...

Suivie de *m* ou de *n,* la voyelle *i* forme une voyelle *nasale,* si la lettre qui vient après est autre que *m* ou *n.*

importer,	*pron.*	in-porté.
indocile,	—	in-docile.
introuvable,	—	in-trouvable.

Mais, suivie de *mm* ou de *nn,* la voyelle *i* conserve sa prononciation de voyelle simple. Dans les mots

immense,　*pron.*　im'manse.
innover,　—　in'nové.
immédiat,　—　im'média.

Les langues étrangères n'ayant pas de voyelles nasales, l'*i* conserve sa valeur propre dans les mots qui nous viennent de ces langues. Pour cette raison,

Joachim, *se pron.* Jo-akime.
Ibrahim, — Ibra-ime.
Sélim, — Sélime.

Lorsque *i* se trouve après *l* ou *r* précédé d'une autre consonne, il faut prononcer comme s'il y avait deux *i*.

publier,　*pron.*　publi-ié.
marbrier,　—　marbri-ié.
client,　—　cli-ian.
pie-grièche,　—　pi… gri-ièche.

☞ Les étrangers pèchent souvent contre cette règle ; ils doivent s'attacher à prononcer *i plus long* qu'ils ne le font ordinairement.

Quand *i* porte un tréma et qu'il est suivi d'une autre voyelle, il faut, tout en le détachant de la voyelle précédente, le prononcer comme s'il y avait deux *i*.

aïeul, *se pron.* a-iieul.
glaïeul, — gla-iieul.

O

Nous avons quatre sortes d'*o* dans la prononciation : l'*o grave*, comme dans *côte*, l'*o moyen* qui s'entend dans *abricot*, l'*o aigu*, comme dans *botte*, et enfin l'*o muet*.

O grave.

La voyelle *o* doit avoir le son *grave* :

1º Lorsqu'elle est surmontée d'un accent circonflexe, comme dans *drôle, apôtre, rôle, hôte,* etc.

Il y a exception pour *hôpital,* qui se prononce avec *o moyen.*

2º Toutes les fois que cette voyelle est suivie de *s* en fin de mot, ou que, au milieu, elle est suivie d'un *s* suivi lui-même d'une voyelle :

> oser, *pron.* ô-zé.
> repos, — re-pô.
> os, — ô.
> oseraie, — ô-zerè...

O moyen.

L'*o* doit être ainsi prononcé :

1° Quand il se trouve en fin de mot et non suivi de *s* :

> abricot, écot, billot, paletot, chariot, etc.

Il y a exception pour *dot,* qui se prononce *dote* avec l'*o* aigu ;

2° Lorsqu'il est suivi de *tion,* comme dans

> potion, motion, lotion, émotion.

O aigu.

Cette voyelle a le son aigu (que je marque par ce signe *o*) dans les cas suivants :

1° Suivie d'une consonne autre que *s,* soit au commencement, soit au milieu des mots :

> odieux, *pron.* o-dieu...
> colorant, — co-lo-ran.
> vaporeux, — va-po-reu...

2° Suivie d'un *s,* mais qui appartient à la même syllabe :

> ostentation, *pron.* oçe-tenta-sion.
> poste, — poce-te.
> rossignol, — ro-signol.
> prostration, — proce-tra-sion.

3° Lorsqu'elle est suivie d'un *i* ; alors ce dernier est *très-bref* :

pioche,   *pron.*   pio-che.
violon,   —   vio-lon.
patriote,   —   patrio-te.

O nul dans certains mots.

Cette voyelle est nulle dans les mots suivants et leurs dérivés :

paon,   *pron.*   pan.
faon,   —   fan.
Laon,   —   Lan.

U

La voyelle *u* a cinq sons différents : l'*u* *fort*, qui se fait entendre dans *flûte* ; l'*u* *ordinaire*, comme dans *tube* ; l'*u* *très-faible*, tel qu'on le prononce dans *suavité* ; l'*u* *muet*, et enfin l'*u* sonnant *ou*.

U fort.

L'*u* est fort toutes les fois qu'il porte un accent circonflexe. Prononcez-le ainsi dans :

piqûre, mûre, vous fûtes, qu'il fût, etc.

U ordinaire.

Suivie d'une consonne quelconque, la voyelle *u* a le son ordinaire :

turbulent, lune, vertu, puriste, lumière, etc.

U très-faible.

Cette voyelle est très-faible, se fait à peine sentir, toutes les fois qu'elle est suivie de *a,* de *e,* ou de *i* (je l'indique par *u* italique).

ruade,   *pron.*   r*u*a-de.
buée,   —   b*u*-é...
luisant,   —   l*u*i-zan.

U entièrement muet.

La voyelle *u,* quand elle sert à donner au *g* le son dur devant *e,* *i* ou *y,* est toujours muette. Dans les mots

guide,	*pron.*	gh'ide.
guerre,	—	gh'ère.
Guyton,	—	Gh'iton.

U se prononçant *ou.*

Au commencement et dans le corps des mots la voyelle *u* accompagne toujours la lettre *q,* et alors, relativement à la prononciation, il peut arriver trois cas : ou cette voyelle est *muette,* comme dans *quatre,* ou elle se prononce *u,* comme dans *équestre* (prononcez é-cü-estre), ou enfin elle sonne *ou* comme dans *équation* (prononcez é-coua-cion).

En étudiant la prononciation de la consonne *q,* je dirai dans quels mots la voyelle *u* prend ces différents sons.

Y

Quand cette voyelle est placée entre deux consonnes, elle se prononce comme *i simple :*

hydrogène,	*pron.*	i-dro-jène.
synonyme,	—	si-no-ni-me.
lyrique,	—	li-rik.

Si elle se trouve entre deux voyelles, ce qui arrive fort souvent, on la fait sonner comme s'il y avait *deux i* bien mouillés ; le premier appartient à la première des deux voyelles entre lesquelles se trouve *y,* et le second *i* appartient à l'autre. C'est en vertu de ce principe que les mots suivants :

moyen,	*se pron.*	moi-iin.
appuyer,	—	appui-ié.
pays,	—	pai-i.
grasseyer,	—	grassei-ié.

☞ Je ne saurais trop recommander aux étrangers de bien faire attention à cette dernière règle, car ils sont souvent portés à l'enfreindre.

§ 2. Diphthongues.

Les voyelles simples se combinent entre elles dans notre langue, et de leur combinaison résultent ou de nouveaux sons simples, comme *au, ou ;* ou des sons analogues aux sons simples, mais qui les reproduisent sous de nouvelles formes, comme *eau, eai ;* ou enfin des sons mixtes ou doubles, comme *ié, ia,* qu'on prononce par une seule émission de voix.

Ces diphthongues (car c'est ainsi qu'on appelle généralement ces sons composés) sont de deux sortes, oculaires et auriculaires.

Les diphthongues *oculaires* ne font entendre *qu'un son,* mais les yeux y voient une, deux et quelquefois trois voyelles simples, comme dans les mots *bai, beau ;* les diphthongues *auriculaires* sont celles qui, également composées de voyelles simples, font entendre distinctement *deux sons,* comme dans : *Dieu, iode, yeuse.*

Je vais donner la prononciation de chacune de ces diphthongues en les rangeant sous les deux chefs énoncés.

Diphthongues oculaires.

Eu et *ou* sont les premières diphthongues oculaires ; il ne leur manque que d'être figurées par un seul caractère pour faire partie des voyelles simples de l'alphabet.

EU

Cette diphthongue, qui est d'un usage très-fréquent dans la langue française, a trois sons : l'un *grave,* qui se fait entendre dans le mot *jeûne,* signifiant diète, l'autre *aigu,* comme dans le mot *seul,* et enfin celui de *u.*

EU grave.

Cette voyelle, que j'indiquerai par un ^, se trouve dans tous les adjectifs où *eu* est suivi de *x* au masculin, de *se* au féminin, ainsi que dans les composés de ces mots :

> preux,   *pron.* preû.
> chanteuse,   —   chanteû-ze.
> gueusaille,   —   gh' eû-za-iie.

EU aigu.

La même diphthongue est aiguë et longue dans les mots terminés par *eur* (j'indique toujours par trois points les syllabes longues, et je désigne par des lettres italiques les voyelles aiguës) :

> loueur, *pron.* lou-*eur*...
> priseur,   —   pri-z*eur*...
> trompeur, —   trom-p*eur*...

☞ J'ai constaté que beaucoup d'étrangers, notamment les Anglais, sont enclins à prononcer *très-bref* le son *eu* des finales en *eur.* C'est une faute, je les en avertis : cette syllabe doit toujours être *longue*, quoique le son *eu* y soit aigu.

EU se prononçant U.

Nous avons quelques mots où *eu*, perdant entièrement son caractère, doit être prononcé comme *u* simple. Cela a lieu dans les suivants :

1° Dans les mots où *e* de *eu* est euphonique devant *g*, ce qui arrive dans les dérivés des verbes en *ger :*

> gageure, *pron.* gajure.
> mangeure, — manjure.

2° Dans les formes suivantes du verbe avoir :

> j'eus, tu eus, il eut, nous eûmes, vous eûtes, ils eurent,
> que j'eusse, que tu eusses, etc. ; eu, eue.

OU

Comme la précédente, la diphthongue *ou* n'a point d'identique parmi les sons simples et elle n'en représente aucun. Avec quelque attention, on peut distinguer dans *ou* deux sons, l'un *grave*, que l'on entend dans *voûte*, et l'autre *aigu*, que l'on entend dans *route*.

OU grave.

Ou est grave, sourd, dans les cas que voici :

1° Lorsqu'il porte un accent circonflexe. Vous le prononcerez ainsi dans :

croûte, moût, goût, ragoût, dégoûter, etc.

2° Dans les finales où il est suivi de *r* seulement ou de *r* avec d'autres consonnes après lui. (Je marque cette prononciation par ᴧ.)

secours,	*pron.*	secoûr.
séjour,	—	sé-joûr.
court,	—	coûr.
bourg,	—	boûr.

3° Enfin, toutes les fois que cette diphthongue est suivie de *e* muet ou de *ent*, signe du pluriel de la troisième personne des verbes ; de plus elle est *longue* :

roue,	*pron.*	roû...
enrouement,	—	enroû...man.
ils jouent,	—	il joû...

OU aigu.

Cette diphthongue a le son aigu (route) dans deux cas :

1° Lorsqu'elle se trouve au commencement d'un mot :

ourdir, houspiller, gourmet, pourrir, lourdaud, etc.

2° Dans l'infinitif des verbes terminés par *ouer*. Vous la prononcerez ainsi dans

jouer, louer, échouer, etc.

A l'exception de ces deux sons composés, toutes les autres diphthongues oculaires servent à représenter des sons équivalents à des voyelles simples.

Voici ces diphthongues avec la prononciation qui convient à chacune d'elles.

AE.

Lisez comme s'il y avait simplement un *a* : *Caen,* prononcez *Kan.*

AI.

Celle-ci a une prononciation plus variée que la précédente. Ainsi,

1° *Ai* se prononce généralement comme *e fermé* et bref (bonté) dans le corps des mots et dans les finales de tous les futurs, des passés définis (prétérits) des verbes de la première conjugaison, ainsi que dans les trois personnes singulières du présent indicatif du verbe *savoir* :

je danserai,	*pron.*	je danseré.
je chantai,	—	je chanté.
je sais,	—	je sé.
tu sais,	—	tu sé.
il sait,	—	il sé.

2° Il se prononce comme *e* très-ouvert (être), en fin de mot, quand il est suivi de *s,* ou au milieu, suivi de *son* :

je hais,	*pron.*	je hè.
jais,	—	jè.
jamais,	—	jamè.
terminaison,	—	terminè-zon.

3° Il a encore la même prononciation dans le cas où *i* porte un accent circonflexe ; alors il est long, ce que j'indique par trois points suspensifs :

maître,	*pron.*	mê...tre.
paraître,	—	parê...tre.
traître,	—	trê...tre.

4° Enfin il sonne *a* dans *douairière,* quoiqu'il se prononce *è* dans *douaire.*

AU, EAU.

Ces diphthongues représentent toujours le son de *o grave* (côte) :

autel,	*pron.*	ô-tel.
maudire,	—	mô-dir.
chapeau,	—	cha-pô.
marteau,	—	mar-tô.

☞ La prononciation de ces diphthongues est souvent viciée par l'ana-
logie qu'on leur donne avec l'*o aigu* (botte). Les étrangers partagent
souvent ce défaut avec les habitants du midi de la France, qui disent :
cette maison est hote, de l'eau chode, au lieu de : *cette maison est hôte,
de l'eau chôde.*

AOU.

Se prononce *ou* dans les deux mots : *août* et *aoûteron* (mois-
sonneur).

AON.

On prononce comme s'il n'y avait pas d'*o* dans les trois mots :

paon,	*pron.*	pan.
Laon,	—	Lan.
faon,	—	fan.

AY.

Cette diphthongue ne se prononce point dans les noms propres
comme dans les autres mots.

Dans les noms propres, elle sonne *a-i :*

Bayard,	*pron.*	Ba-iar.
Bayeux,	—	Ba-ieu.
Lafayette,	—	Lafa-ièt e.
Bayonne,	—	Ba-ione.

Quand il s'agit des autres mots, elle équivaut à *è-i.* Ainsi, dans

balayer,	*pron.*	balè-ié.
délayer,	—	délè-ié.
essayer,	—	essè-ié.

Nota. — Dans les substantifs en *ai* qui ont formé les verbes de cette finale, *ai* se prononce *è* (père).

balai, *pron.* balè.
délai, — délè.
essai, — essè.

EA.

Il faut prononcer cette diphthongue, comme *a* seul, parce qu'elle vient toujours après *g*, et qu'alors *e* est euphonique :

il mangea, *pron.* il manja.
nous longeâmes, — nous lonjâ...me.
vous délogeâtes, — vous délojâ...te.

EAI.

Prononcez-la comme *é* fermé (bonté); *e* est encore lettre euphonique :

geai, *pron.* jé.
je songeai, — je sonjé.
je délogeai, — je délojé.

EI, EY.

Ces deux diphthongues ont une même prononciation, celle d'un *è* très-ouvert :

haleine, *pron.* alène.
peine, — pène.
Ney, — Nè.
Volney, — Volnè.

Œ

Lorsque *o* et *e* sont joints, ils se prononcent comme s'il y avait *é* fermé (bonté) :

Œdipe, *pron.* É-dipe.
œnophile, — é-nofile.
œsophage, — é-zofaje.

ŒU.

Cette diphthongue sonne absolument comme *eu* aigu (seul); ainsi les mots suivants :

œuvre, *se pron.* *eu*-vre.
œuf,   —   *eu*f.
bœuf,   —   b*eu*f,
sœur,   —   s*eu*r.

Nota. Dans les pluriels *bœufs* et *œufs*, la voyelle *œu* devient grave, et l'on prononce des *beû*... des *eû*...

ŒI.

Quand cette diphthongue se trouve suivie de *l* mouillé, *œ* a toujours le son de *eu* aigu (seul) :

œil,   *pron.*   *eu*-iie.
œillet,   —   *eu*-iiè.
œillade, —   *eu*-iade.

EI.

Lorsqu'il arrive que *ei* est précédée de *cu* et suivie d'un *l* mouillé, sa prononciation est la même que celle de *œi* :

accueil,   *pron.*   ak*eu*-iie.
recueil,   —   rek*eu*-iie.
cercueil,   —   cerk*eu*-iie.

Diphthongues auriculaires.

Voici ce qu'il importe de savoir sur la prononciation de ces diphthongues.

IEU.

Elle a toujours l'*i* bref et l'*eu* grave. Ainsi, dans les mots

lieu,   *pron.*   li*eû*.
Dieu,   —   Di*eû*.
mieux,   —   mi*eû*.

☞ Que les étrangers veuillent bien se rappeler cette règle importante ; car c'est faire une grosse faute que de prononcer *eu* aigu.

IO.

L'*i* doit être entendu, quoique très-rapide ; quant à l'*o*, il veut le son aigu (botte) :

fiole,   *pron.* fi*o*-le.
carriole,   — car*io*-le.
pioche,   — pi*o*-che.

OA.

Dans cette diphthongue, l'*o* a le son aigu de *ou* (route) :

joaillier, *pron.* j*ou*-a-ié,
joaillerie, — j*ou*-a-iie-ri...

OE.

Quand vient après *e* une consonne redoublée, ou qu'il porte un accent grave, il se prononce ouvert et bref ; mais s'il est surmonté d'un accent circonflexe, il se prononce ouvert et long. L'*o* est aigu et très-bref :

moelle, *pron.* m*o*-èle.
poète,   — p*o*-ète.
poêle,   — p*o*-êle.

OI.

Voilà une diphthongue qui n'est pas sans difficulté pour les étrangers ; elle se prononce généralement comme *oa* très-bref :

mois, loi, moi, bois, foi, etc.

Mais il est d'autres mots où elle se prononce comme *è* ouvert (mère), ce qui a lieu dans plusieurs mots de notre ancienne orthographe, qu'on écrit, pour la plupart aujourd'hui, par *ai*. Tels sont :

1° Les imparfaits et les conditionnels des verbes :

j'aimois, *pron.* j'-émè...
tu serois, — tu serè...
il savoit, — il savè.

2° Les quatre mots *foible, roide, monnoie, harnois.*

OI prononcé O.

L'*i* de *oi* est nul dans les mots suivants :

moignon, *pron.* mo-gnon.
oignon, — o-gnon.
poignet, — po-gnè.
poignard, — po-gnar...
poignée, — po-gné...

OY.

Quand *y* est placé entre deux voyelles (et il suffit ici qu'il soit suivi d'une telle lettre), il sonne toujours comme *deux i,* et le premier *i* forme *un seul* son avec *o* :

boyau, *pron.* boi-iô.
employé, — an-ploi-ié.
royal, — roi-ial.
nettoyer, — nè-toi-ié.

OO.

On ne trouve cette diphthongue que dans des noms étrangers ; nous la prononçons comme *o* grave (côte) :

Vanloo, *pron.* Vanlô.
Waterloo, — Vatère-lô.

Il y a une exception pour les noms propres anglais, dans lesquels nous prononçons les deux *o* comme *ou* (route) :

Cooke, *pron.* Kouke.
Cooper, — Kou-père.

OUA, OUE, OUI.

Dans ces trois diphthongues, le *ou* est excessivement bref relativement à la voyelle suivante. Ainsi :

<blockquote>
bivouac, se pron. bi-vou-ak.
douane, — dou-ane.
chouette, — chou-ète.
réjouir, — réjou-ir...
</blockquote>

UI.

Voilà une grande difficulté : comme dans la plupart des autres langues la voyelle *u* se prononce *ou*, les étrangers qui étudient le français ont toutes les peines du monde à prendre l'habitude de prononcer *u-i* (ü allemand). Pour arriver à une prononciation correcte, il faut décomposer la diphthongue, prononcer d'abord doucement, puis successivement de plus en plus vite.

On pourra s'exercer sur les mots suivants :

<blockquote>
je suis, pron. je su-i.
le réduit, — le ré-du-i.
autrui, — au-tru-i.
du fruit, — du fru-i.
</blockquote>

NOTA. — Quelle qu'elle soit, une diphthongue oculaire peut devenir auriculaire, si l'on met un tréma sur la dernière voyelle simple. Dans ce cas, chaque voyelle simple sonne séparément. Voilà pourquoi les mots :

<blockquote>
ovoïde, se pron. ovo-ide.
Saül, — sa-ul.
nous haïmes, — nou a-i...me.
</blockquote>

§ 3°. VOYELLES NASALES.

Nous avons un certain nombre de voyelles qui, suivies de *m*, *n*, forment, avec ces consonnes, des sons propres à notre langue; c'est ce qu'on appelle les *voyelles nasales*.

Ces voyelles sont de deux sortes : *nasales simples,* quand elles sont formées d'une voyelle simple, comme *an, im, um,* et *nasales composées,* lorsque *m, n* y sont précédés d'une diphthongue, comme *ain, ion, ouin.*

Je vais examiner dans chaque sorte celles qui peuvent offrir des difficultés aux étrangers.

Voyelles nasales à l'état simple.

Voici ces voyelles rangées sur quatre colonnes verticales :

an,	in,	on,	un.
am,	im,	om,	um.
en,	yn,	"	"
em,	ym,	"	"

Chaque colonne a la même prononciation ; d'où il suit que ces syllabes, considérées isolément, n'ont que *quatre* sons différents.

Mais elles présentent une difficulté quand elles sont dans les mots ; car alors elles ne sont pas toujours *nasales,* c'est-à-dire, qu'on les prononce quelquefois en faisant *sonner* les consonnes *m* et *n.* Or, quand sont-elles nasales, quand ne le sont-elles pas ?

Ce qui suit enseignera à faire cette distinction.

Pour que ces réunions de lettres fassent des voyelles *nasales,* il faut, ou que *m, n, terminent* un mot, comme dans

grand, latin, bichon, tribun ;

ou que la *consonne* qui suit *m* ou *n ne soit point de même forme* que celle-ci, comme dans

chrétienté, frontière, éponge, emprunter.

Mais cette rèlge a des exceptions que je vais faire connaître.

AM.

Se prononce comme *a* grave et long (âme) dans le mot *damner* et ses dérivés :

damné,	*pron.*	dâ...né.
condamné,	—	condâ...né.
damnation,	—	dâ...na-sion.

EM.

Ces lettres ne forment point voyelle nasale, c'est-à-dire qu'elles se prononcent *ème :*

1° A la fin des noms propres venus des langues étrangères :

Bethléem, *pron.* Bétlé-ème.
Jérusalem, — Jéru-za-lème.
Salem, — Sa-lème.
Sichem, — Si-chème.

2° Dans les quatre mots suivants :

hem ! item, idem, requiem.

NOTA. Ce dernier se prononce *ré-kui-ième.*

Em se prononce *ame* dans les trois mots :

femme, *pron.* fa-me.
indemnité, — indame-nité.
indemniser, — indame-nizé.

Dans le corps des noms propres étrangers, nous prononçons *em* comme *in* voyelle nasale. Ainsi, dans

Bembo, *pron.* Bin-bo.
Memphis, — Min-fice.
Nuremberg, — Nurin-bère.
Sempronius, — Sin-proniuce.

EN.

Cette voyelle a aussi des sons différents.
1° Elle sonne *a* aigu dans les mots qui suivent :

solennel, *pron.* sola-nel.
solennité, — sola-nité.
solenniser, — sola-nizé.
hennir, — ha-nir.
hennissement, — ha-niceman.

2° Elle n'est point voyelle nasale et se prononce *ène* dans les deux mots :

amen,   *pron.* amène.

hymen,   —   imène.

3° Elle sonne comme la nasale *in* dans les mots suivants :

agenda,   *pron.* ajin-da.

appendice,   —   ap-pin-dice.

benzoïque,   —   bin-zo-i-ke.

compendium, —   con-pin-diome.

effendi,   —   é-fin-di.

Dans les noms propres étrangers, les lettres *en* sonnent également comme la nasale *in*. Ainsi, dans

Bengal,   *pron.* Bin-gal.

Benjamin, —   Bin-jamin.

Mentor,   —   Min-tor.

Dans tous les mots composés avec la préposition *en* comme initiale, cette préposition doit avoir le son nasal. Pour cette raison,

enivrer, *se pron.* an-nivré.

enorgueillir, — an-norgh*eu*-iir.

ennoblir,   — an-noblir.

enhardir,   — an-hardir.

☞ Voilà une règle très-importante, et que je recommande d'autant plus fortement aux étrangers, que les Français ne l'appliquent pas toujours, surtout en ce qui concerne les deux premiers des mots cités.

Ent dans la troisième personne plurielle des verbes ne se prononce jamais; seulement on *allonge* la syllabe qui précède cette finale muette :

ils veulent, *pron.* il v*eu*...le.

ils chantaient, — il chantè...

qu'ils fussent, — qu'il fu...ce.

Nota. J'indique toujours par trois points une voyelle qui doit être longue.

UN.

Dans les deux mots *junte, punch,* cette voyelle se prononce *on.*

UM.

Lorsqu'il s'agit d'un mot ayant encore la forme latine, nous prononçons cette voyelle comme *ome.* Dans les mots suivants :

centumvir,	*pron.*	san-tome-vir.
triumvir,	—	tri-ome-vir.
te Deum,	—	te Dé-ome,
album,	—	al-bome.

Nota. Dans les mots venus des langues étrangères et qui ne sont point encore francisés, nous ne faisons point de voyelles nasales, attendu que ces langues n'ont point de telles voyelles.

Voyelles nasales composées.

J'en compte six, dont la prononciation pourrait embarrasser les étrangers ; ce sont :

AIM, AIN.

Elles se prononcent absolument comme s'il n'y avait pas d'*a.*

maintenir,	*pron.*	min-tenir.
ainsi,	—	in-si.
essaim,	—	é-sin.
bain,	—	bin.

IEN.

Cette voyelle se prononce quelquefois *i-in* et quelquefois *i-an.* Généralement, elle se prononce *i-in* mouillé, comme dans

bien,	*pron.*	bi-in.
chrétien,	—	cré-ti-in.
je viens,	—	je vi-in...

Mais elle se prononce *i-an* dans les cas suivants :

1° Dans toutes les finales en *ience :*

expérience,	*pron.*	eks-pé-ri-anse.
audience,	—	ô-di-anse.
sapience,	—	sa-pi-anse.
science,	—	ci-anse.

2° Dans tous les mots qui suivent :

fiente,	*pron.*	fi-ante.
fienter,	—	fian-té.
récipient,	—	ré-ci-pi-an.
ingrédient,	—	in-gré-di-an.
patient,	—	pa-si-an.

ION.

C'est toujours un son *nasal ;* il faut bien se garder, par conséquent, de jamais le prononcer *ione,* par imitation de ce qui a lieu dans les autres langues.

OIN.

Pour prononcer cette voyelle, voici ce qu'il faut faire : ouvrir la bouche comme pour prononcer *ou* aigu, et prononcer *in* nasal ; de cette manière, *ou* est presque imperceptible et *in* sert d'appui à la voix.

foin,	*pron.*	fou-in.
coin,	—	cou-in.
loin,	—	lou-in.
besoin,	—	be-zou-in.

UIN.

Précédée de la consonne *q,* cette voyelle se prononce généralement *in* nasal, comme dans

quinze,	*pron.*	kin-ze.
quinte,	—	kin-te.
quintal,	—	kin-tal.
Charles-Quint,	—	Charle-Kin.

Mais il y a exception pour les suivants, où elle sonne *u-in* :

Quintilien,	*pron.*	Ku-intili-in.
Quinte-Curce,	—	Ku-inte-Curce.
quinquagésime,	—	ku-inkou-a-jézime.
quinquagénaire,	—	ku-inkou-a-jénère.
quinquennal,	—	ku-in-ku-ène-nal.

———

Avant de terminer ce chapitre, j'ai à mentionner une singularité.

Dans notre langue, nous avons deux voyelles *on* et *ou,* qui, initiales dans certains mots, doivent se prononcer avec *aspiration,* c'est-à-dire sans qu'on pratique l'élision devant elles ni qu'on les lie avec ce qui précède.

Les mots où se trouvent ces voyelles aspirées sont *onze, ouate* et *oui* (participe ou adverbe), ainsi que leurs dérivés). Si donc on prononçait les phrases suivantes :

Je n'ai pas de ouate,	*comme s'il y avait :*	Je n'ai pas d'ouate.
Il est onze heures,	—	Il è tonze heures.
Un oui bien articulé,	—	Un noui bien narticulé.

On ferait trois énormes fautes ; on doit dire :

Je n'ai pas *deu* ouate ; il è onze heures ; un oui bien narticulé.

Dans la conversation cependant, on tolère de changer *que* en *qu'* devant *oui*, et, par conséquent, de dire comme dans cette phrase :

Vous croyez que non ; moi, je crois qu'oui.

☞ L'aspiration, dans la langue française, n'est point gutturale comme en allemand et en anglais. J'en parlerai plus longuement à la prononciation de **H**, chapitre suivant.

CHAPITRE II.

Si les consonnes, en français, conservaient dans les mots le même son qu'elles ont dans l'alphabet, leur prononciation serait facile ; mais, par malheur pour ceux qui étudient notre langue, il n'en est point ainsi : elles peuvent avoir presque toutes un son *accidentel* bien différent de celui de leur appellation propre ; puis elles sont quelquefois *muettes ;* et, enfin, dans le cas de *redoublement,* il faut tantôt en prononcer *deux,* tantôt n'en prononcer qu'*une seule.*

Ainsi, dans quel cas les consonnes ont-elles un son accidentel, quand sont-elles muettes, et quand faut-il en prononcer deux ou une seule en cas de redoublement? Telles sont les questions que je vais résoudre pour chacune d'elles.

B

Son accidentel. — Cette consonne n'en a pas ; partout elle conserve son articulation propre.

Muette. — Dans les mots suivants : *plomb, aplomb.* Elle est mi-muette dans *radoub* (d'un vaisseau).

Redoublement. — Il n'y a pas de mots où l'on fasse sentir deux *b.*

C

Son accid. — Elle prend le son de *s,* quand elle est suivie des voyelles *e, i, y,* ou encore, qu'étant suivie d'une autre voyelle, elle est cédillée :

cela,	*pron.*	sela.
cité,	—	sité.
caleçon,	—	cale-son.
façade,	—	fa-sade.

Dans *second* et ses dérivés, *c* se prononce comme *g* :

<pre>
second,   pron.   se-gon.
secondaire, —   se-gondère.
seconder,   —   se-gondé.
</pre>

Dans certains noms étrangers, *c* devant *z* sonne aussi *g* :

<pre>
czar,   pron.   g-zar.
czarine, —   g-zarine.
</pre>

Muette. — Cette consonne ne se prononce pas,

1° au commencement des mots *acquérir, acquiescer, acquitter* et de leurs dérivés ;

2° A la fin de ceux qui suivent : *accroc, almanach, broc, banc, blanc, cric, croc, clerc, échecs* (au pluriel), *estomac, franc, jonc, lacs* (cordon), *marc* (poids), *porc, tabac, tronc*.

Nota. Prononcez cette consonne dans *lac*, pièce d'eau, et dans *échec* au singulier.

Redoub. — On la prononce comme *ks* devant *e* et *i* :

<pre>
accéder, pron.   ak-sédé.
accent,   —   ak-san.
accident, —   ak-sidan.
</pre>

Hors de là, on ne prononce qu'un seul *c*.

D

Son accid. — Elle n'en a pas.

Muette. — Généralement, à la fin des mots. Ainsi, ceux qui suivent se prononcent absolument comme s'il n'y avait pas de *d*. (Je fais suivre de trois points les syllabes longues.)

<pre>
sourd,   pron.   sour...
lourd,   —   lour...
bord,   —   bor...
étendard, —   étandar...
</pre>

Mais il faut en excepter *David, Joad, sud*, où elle se fait sentir.

Rᴇᴅᴏᴜʙ. — Quand la syllabe *ad* est suivie d'une autre syllabe commençant par un *d,* on fait sonner ces deux consonnes :

addition,   *pron.* ad-di-sion.
adducteur,   — ad-duk-teur.

On prononce également deux *d* dans le mot *reddition.*

F

Sᴏɴ ᴀᴄᴄɪᴅ. — Elle n'en a pas.

Mᴜᴇᴛᴛᴇ. — A la fin des mots suivants : *cerf, clef, chef-d'œuvre, nerfs* (au pluriel), *bœufs* (au pluriel), *œufs* (au pluriel), *éteuf.*

Nᴏᴛᴀ. Au singulier, elle se prononce dans *bœuf, nerf* et *œuf.*

Rᴇᴅᴏᴜʙ. — On prononce toujours comme s'il n'y avait qu'un *f* :

étouffer,   *pron.* é-toufé.
affiler,   — a-filé.
greffe,   — grè...fe.

G

Sᴏɴ ᴀᴄᴄɪᴅ. — Dans *gangrène* et ses dérivés, le *g* initial a le son de *k* :

gangrène,   *pron.* kan-grène.
gangréner,   — kan-gréné.

Suivie de *e, i, y,* cette lettre sonne absolument comme *j* :

gémir,   *pron.* jémir...
gibier,   — jibié.

Si *g* est suivi de *u,* on prononce tantôt *gou,* comme dans

lingual,   *pron.* lin-gou-al.
alguazil,   — al-gou-a-zil.
Aguado,   — A-gou-a-do ;

et tantôt l'on prononce *g'u,* comme dans les mots suivants :

Guise,   *pron.* Gu-ize.
arguer,   — argu-é.
aiguiser,   — égu-izé.
inextinguible,   — i-neks-tin-gu-ible.

Muette. — En fin de mot, généralement, le *g* ne sonne jamais. Ainsi les mots *legs, poing, oing, vingt, sang, étang, bourg, faubourg,* se prononcent absolument comme s'il y avait : *lè, poin, oin,* etc.

Il y a exception pour *Young, Canning, Kiang,* qui sont des noms propres étrangers, ainsi que pour le mot français *joug :* on fait toujours sonner le *g.*

Redoub. — Généralement on ne prononce qu'un *g* en cas de redoublement; mais il y a exception pour

suggérer, *qu'on pron.* sug' jéré.

suggestion,   —   sug' jes-tion.

H

Son accid. — Le son accidentel de cette consonne, c'est l'aspiration.

☞ Les étrangers, surtout les Anglais et les Allemands, doivent être prévenus ici que nous sommes loin d'aspirer cette lettre aussi fortement qu'eux ; chez nous, l'aspiration n'est, pour ainsi dire, que l'articulation distincte de deux voyelles séparées par *h,* sans faire l'élision ni la liaison qui se pratiquent le plus souvent en pareil cas. Si, par exemple, on prononce les mots suivants :

un hameau, *comme s'il y avait* un amô.

les haricots,   —   lè... aricô...

on fait entendre, à bien peu de chose près, notre *h* aspiré.

La connaissance de l'aspiration a une double importance ; dans la prononciation, on sait par elle quand il faut s'abstenir de faire la liaison, et, dans l'orthographe, elle détermine les cas où l'élision n'est pas permise.

Quoiqu'il ne s'agisse encore ici ni de liaison ni d'orthographe, je n'en dirai pas moins dans quels cas il faut aspirer *h :* c'est une anticipation commandée par l'intitulé même de ce chapitre.

Quand donc *h* doit-il être aspiré? ou, si l'on veut, pour rattacher cette question d'une manière plus ostensible à la prononciation, dans quel cas n'est-il pas permis de lier la voyelle qui suit *h* avec la dernière consonne de la syllabe ou du mot qui précède?

J'ai le regret d'avoir à annoncer aux étrangers que, sur ce point où notre oreille est si susceptible (car de toutes les fautes de prononciation, il en est peu qui lui soient plus antipathiques que celles contre *h*), il n'y a pas moyen de formuler une seule bonne règle.

Ainsi, il faut se résoudre à apprendre un à un les mots où l'on aspire *h*, mots qui sont à peu près au nombre de trois cents dans la langue française.

Qu'on ne s'effraie pas toutefois, car il y a un moyen d'abréger cette étude : comme, sauf quelques exceptions, l'aspiration est la même dans les dérivés que dans les primitifs, il est évident qu'il suffit de connaître ces derniers.

Cette observation réduit, en quelque sorte, à la liste suivante le nombre des mots ayant *h* aspiré.

hâbler.	happer.	haut.	hoche.
hache.	haquenée.	have.	hocher.
hagard.	haquet.	hâvre.	hochet.
haha.	harangue.	heaume.	holà.
haie.	haras.	hêler.	Hollande.
haillon.	harasser.	hennir.	homard.
haine.	hardes.	Henri.	honnir.
haire.	hardi.	héraut.	honte.
halage.	harem.	hère.	hoquet.
hâle.	hareng.	hérisser.	hoqueton.
haleter.	hargneux.	hernie.	horde.
hallage.	haricot.	héron.	horion.
halle.	haridelle.	héros.	hors.
hallebarde.	harnais.	herse.	hotte.
hallier.	haro.	hêtre.	Hottentot.
halte.	harpe.	heurt.	houblon.
hamac.	harpie.	hibou.	houe.
hampe.	harpon.	hic.	houille.
hanche.	hart.	hideux.	houle.
hangar.	hasard.	hiérarchie.	houlette.
hanneton.	hase.	hie.	houppe.
hanse.	hâte.	hisser.	houppelande.
hanter.	haubert.	hobereau.	houri.

houspiller.	huche.	humer.	hure.
houssoir.	huée.	hune.	hurler.
houx.	huguenot.	Huns.	hussard.
hoyau.	huit.	huppe.	hutte.

Nota. Quoique *h* soit aspiré dans *héros*, il ne l'est point dans les dérivés : *héroïsme, héroïne, héroïque.*

Muette. — Dans tous les mots où elle n'est point aspirée, c'est-à-dire dans environ cinq cents.

Nota. Sont compris dans ce nombre tous ceux qui commencent par *hy,* puisque pas un de ceux qui ont ces initiales ne se trouve dans la liste précédente.

J

Cette consonne n'a point de prononciation accidentelle ; elle n'est jamais muette ni redoublée.

☞ Je prie les Suédois de faire la plus grande attention à la prononciation de cette lettre ; car très-souvent ils la confondent avec *ch,* qui est la forte correspondante ; ainsi ils disent *chai* au lieu de *j'ai,* ce qui est une grosse faute.

K

Aucune difficulté pour cette consonne, qui a toujours le même son que *c* dur, et qui n'est jamais redoublée.

L

Son accid. — Précédée de *i,* cette consonne a souvent le son *mouillé,* c'est-à-dire qu'elle se prononce *iie;* mais elle ne sonne pas toujours ainsi, d'où résulte la nécessité de signaler les cas où elle doit être mouillée.

L, précédé de *i,* est mouillé :

1° Dans tous les cas où il est précédé d'une autre voyelle :

réveil,	*pron.*	révé-iie.
rail,	—	ra-iie.
écueil,	—	ékeu-iie.
fenouil,	—	fenou-iie.

2° A la fin des mots suivants : *avril, babil, fenil, mil, péril.*

Muette. — Voici les mots à la fin desquels la consonne *l* ne se prononce pas :

baril, chenil, coutil, fournil, fusil, gril, nombril, persil, gentil, sourcil, soûl, outil, cul-de-jatte.

Elle est également muette quand elle est suivie des lettres *x, d, t.*

aulx, *pron.* ô.
Archambauld, — Archambô.
Châtellerault, — Châtèlerô.

Redoub. — Généralement, on ne prononce qu'un *l*, comme dans *collége, cellule, sellette,* etc.

Mais il faut en prononcer deux :

1° Dans les mots suivants :

alléguer, allégorie, allocation, allocution, collaborateur, collatéral, collationner, collection, collègue, collision, colloque, collusion, ellipse, fallacieux, intellect, intelligent, osciller, pulluler, palladium, solliciter velléité et quelques *dérivés.*

2° Dans les mots composés commençant par *il.*

illustre, *pron.* il-lustre.
illétré, — il-létré.
illisible, — il-lizible.

Très-souvent, quand un *i* se trouve avant *l* redoublé, celui-ci est mouillé. Cela doit avoir lieu :

1° Lorsque *ill* est précédé d'une autre voyelle, simple ou diphthongue, comme dans les mots

muraille, *pron.* mura-iie.
patrouille, — patrou-iie.
pareille, — paré-iie.

☞ Remarquez bien que, dans ce cas, l'*i* doit toujours être séparé de la voyelle qui le précède. Prononcez : mu-ra-iie et non murai-ie.

2° Dans les diminutifs :

flotille, *pron.* floti-iie.
charmille, — charmi-iie.
estampille, — estampi-iie.

3° Aussi dans les mots suivants :

aiguille, bisbille, bille, briller, camomille, campanille, chenille, cheville, drille, artillerie, guenille, étrille, fusiller, gaspiller, grille, goupille, guilledou, juillet, piller, quadrille, quille, torpille, vanille, vrille, famille.

Dans *Sully* (ministre de Henri IV), on mouille les *l*, comme s'ils étaient précédés d'un *i*. Prononcez Su-iiy.

Nota. Toutes les fois que *il, ill*, sont mouillés dans un mot, ils le sont aussi dans ses dérivés.

☞ Il y a beaucoup d'étrangers qui prononcent *ill* mouillé, comme si, au lieu de ces lettres, il y avait *li*. C'est une faute : il ne faut pas faire sentir *l*, et prononcer *i* à la place. Au lieu de

méli*eur* (meilleur), *il faut pron.* mé-ii*eur*.
patrouli*eu* (patrouille), — patrou-iie.
mervé-lieu (merveilleux), — mervé-iieu...

M

Son accid. — Cette consonne ne peut offrir de difficulté que lorsqu'elle vient *après* la voyelle, comme dans *empire*; dans ce cas elle peut être *labiale* ou former voyelle *nasale*.

Elle est labiale, ou, en d'autres termes, elle se prononce comme dans les autres langues,

1° Dans l'interjection *hom !* et dans tous les mots latins, ayant encore leur forme, introduits en français.

album, *pron.* albome.
requiem, — rekui-ième.
te Deum, — té Déome.

2° Dans les noms propres étrangers, comme *Amsterdam, Priam, Sem, Cham* (prononcez Kame), etc. ;

3° Au commencement des adjectifs qui expriment une qualité contraire, lorsque le simple commence déjà par *m* :

immangeable, *pron.* ime-manjable.
immanquable, — ime-mankable.
immobile, — ime-mobile.

4° Lorsque *m* est suivi de *n*. Ainsi dans

amnistie,	*pron.*	ame-nistie.
indemnité,	—	indame-nité.
omnivore,	—	ome-nivore.
Memnon,	—	Mème-non.

Elle forme voyelle nasale dans les cas suivants :

1° Toutes les fois que *am, em, im, om,* sont suivis d'une consonne autre que *m* ou *n*. Ainsi dans

ambition,	*pron.*	an-bicion.
emporter,	—	an-porté.
impotent,	—	in-potan.
ombrer,	—	on-bré.

2° Dans *em* placé en tête d'un nom composé dont le simple commence par *m* :

emmener,	*pron.*	an-mené.
emmagasiner,	—	an-magaziné.
emmailloter,	—	an-ma-ioté.

3° Dans le nom propre *Adam* et dans le nom commun *dam;* mais elle est labiale dans *macadam;* prononcez : macadame.

Muette. Cette consonne ne se prononce pas dans *damner, automne,* ainsi que dans les composés du premier : *condamner, condamnation, damnation;* mais elle sonne dans *automnal;* prononcez ô-tome-nal.

Redoub. — Nous avons beaucoup de mots où *m* se redouble après une syllabe, et dans lesquels cependant il ne faut prononcer qu'*un m;* tels sont les suivants :

commun, commis, commissaire, dilemme, communisme, etc.

Mais il en faut prononcer *deux* dans ceux que voici :

Ammon, Emmanuel, ammoniaque, commensurable, commentaire, commisération, commotion, grammatical, ainsi que dans tous ceux qui commencent par *im* suivi d'un autre *m,* comme

immédiat, immatériel, immortel, etc.

Nota. On prononce deux *m* adoucis dans *grammaire, grammairien.*

N

Son accid. — Cette consonne peut former voyelle *nasale* ou être *linguale.*

Elle forme voyelle nasale

1° Quand elle est précédée d'une voyelle avec laquelle elle fait syllabe, comme dans

danser, dense, tringle, donjon, etc.

2° Dans les composés qui ont la préposition *en* comme initiale :

ennoblir,	*pron.*	an-noblir.
enivrer,	—	an-nivré.
enorgueillir,	—	an-norgh'*eu*-iir.
ensabler,	—	an-sablé.
enhardir,	—	an-hardir.

Elle est linguale dans *in* initial suivi de *h* muet; ainsi dans

inhumain,	*pron.*	ine-umin.
inhabitable,	—	ine-abitable.
inhumer,	—	ine-umé.

Muette. — Dans le seul nom propre *Béarn;* prononcez : Béar.

Redoub. — En général, quand il y a un redoublement, on ne prononce qu'un *n,* comme dans *bonne, il tonne, il vanne, Rennes,* etc.

Mais il y a quelques exceptions : dans les mots suivants, on prononce *deux n,* en faisant le premier lingual.

annuel,	*pron.*	ane-nuel.
annihiler,	—	ane-ni-ilé.
inné,	—	ine-né.
annales,	—	ane-nale.

annexe,	*pron.*	ane-nekse.
cannibale,	—	cane-nibal.
annulaire,	—	ane-nulère.
innover,	—	ine-nové.

P

Son accid. — Cette consonne n'en a pas.

Muette. — On ne la prononce pas dans les seuls mots suivants :

baptême, baptiser, baptistère, Baptiste, sept, cheptel.

Nota. On la fait sentir dans *baptismal ;* prononcez bape-tice-mal.

Toutes les fois qu'elle se trouve *entre deux consonnes* elle est encore muette, comme dans

dompter,	*pron.*	don...té.
prompt,	—	pron...
exempt,	—	eg-zan...
corps,	—	cor...
temps,	—	tan...

En fin de mot, elle est également muette dans

drap, trop, galop, coup, camp, beaucoup, champ, loup, sirop,
cep (de vigne), *prononcez* sè.

Redoub. — Quand elle est redoublée, elle sonne toujours comme s'il n'y avait qu'un *p*. Vous la prononcerez ainsi dans :

apprendre, appliquer, frapper, happer, etc.

Q

Son accid. — Comme cette consonne est généralement suivie de *u,* c'est de *qu* qu'il s'agit réellement ici. Or, *qu* sonne tantôt *c,* tantôt *cou* et tantôt *cu.* Dans quels cas faut-il lui donner chacun de ces trois sons ?

Qu sonne *cou,*

1° Dans les mots commençant par *quadra, quadri, quadru.* Ainsi les suivants :

quadrature,	*se pron.*	cou-a-dratur...
quadrilatère,	—	cou-a-drilatère.
quadrupède,	—	cou-a-drupède.

2o Dans les mots suivants :

aquatique, équateur, équation, loquacité, quaterne, quatuor, quaker.

Qu fait entendre *u* dans ceux-ci :

équestre, équilatéral, loquèle, questeur, questure, quintuple, ubiquité, équitation, Quinte-Curce, Quintilien, équiangle, équilatéral.

Nota. Dans *quinquagésime, qu* a les deux sons *u* et *ou;* on prononce cu-in-coua-gézime.

Dans tous les autres cas, *qu* se prononce comme *k*. Prononcez-le ainsi dans

<pre>
liquéfaction, pron. liké-facsion.
quiétisme,   — ki-étisme.
quidam,   — ki-dan.
quinconce,   — kin-konce.
</pre>

Nota. Liquéfaction se prononce aussi : *licu-é-facsion.*

Muette. — Nous n'avons qu'un seul mot, *coq-d'inde,* où *q* ne se prononce pas; on dit : un ko-d'inde.

R

Son accid. — Elle n'en a pas.

Muette. — A la fin des substantifs en *er, ier,* exprimant une profession, des adjectifs de même finale, et à l'infinitif des verbes de la première conjugaison.

<pre>
boucher, se pron. bouché.
ménétrier,   — ménétri-ié.
tomber,   — tonbé.
gaucher,   — gôché.
</pre>

Exception : dans les adjectifs *amer, cher* et *fier,* elle se prononce. Elle est encore muette dans les mots suivants :

<pre>
monsieur, pron. mo-sieu.
messieurs,   — mè...sieu...
Alger,   — Aljé.
</pre>

4

Redoub. — Ce qu'on appelle redoublement du *r*, dans la prononciation, ne peut être autre chose que le résultat de mouvements vifs et soutenus de l'extrémité de la langue ; car il est impossible de faire sentir deux *r* de suite, comme on fait sentir, par exemple, deux *m*.

Maintenant voici dans quels cas il faut donner à deux *r* cette sonorité forte et soutenue :

1° Dans les mots qui commencent par *irr*, comme

irréligieux, irresponsable, irréprochable, irréfragable, etc.

2° Dans les futurs et les conditionnels des verbes *acquérir, mourir, courir* :

je courrai,   *pron.* je courrrai.
tu acquerras, —   tu akerrra...
il mourra,   —   il mourrra.

3° Il en est de même pour les mots qui suivent :

aberration, corroborer, corroder, errer, errement, erreur, erroné, horreur, horrible, concurrent, interrègne, narration, terrestre, terreur, terrible, territoire, torréfier, torrent. .

☞ Comme l'exacte prononciation de *r* offre la plus grande difficulté aux Anglais, je leur donnerai le conseil, pour y parvenir, d'imiter, avec la pointe de la langue, le son produit, par une canne passée rapidement sur les barreaux d'une grille.

4° La sonorité des deux *r* est douce dans les mots suivants, et, de plus, la voyelle précédente est *longue* :

terre,   *pron.* tè...re.
cimeterre,   — cime-tè...re.
tonnerre,   — tonè...re.
Angleterre, — Angletè...re.
je pourrai,   — je pou...ré.

☞ Voilà une règle que je recommande fortement aux étrangers, car, le plus souvent, ils font beaucoup trop bref l'*e* qui précède deux *r*.

S

Son accid. — Cette consonne prend le son de *z* dans les cas suivants :

1° Lorsqu'elle se trouve entre deux voyelles, ou encore entre une voyelle et un *h* muet :

> rose, *pron.* rô...ze.
> extase, — ecs-ta...ze
> déshonorer, — dé-zonoré.

Exception : Dans les mots composés, dont le simple a *s* initial, on conserve à cette lettre le son propre, afin de ne pas faire disparaître l'étymologie.

> parasol, *se pron.* para-sol.
> préséance, — pré-séance.
> monosyllabe, — mono-sil-labe.
> vraisemblable, — vrè-san-blable.

2° Dans quelques mots où elle se trouve entre *l* et une voyelle ; tels sont :

> Alsace, *pron.* al-zace.
> balsamique, — bal-zamik.
> balsamine, — bal-zamine.

3° Dans la syllabe *trans* suivie d'une voyelle :

> transaction, *pron.* tran-zac-sion.
> transitif, — tran-zi-tif.
> transitoire, — tran-zitoir...
> transit, — tran-zite.

Exception : trois mots font exception à cette dernière règle :

> transe, *pron.* tran-se.
> transir, — tran-sir...
> Transylvanie, — Tran-silvani...

☞ Lorsqu'au commencement des mots *s* est suivi d'une des consonnes *c*, *p*, *t*, les Espagnols doivent bien se garder de faire entendre un *e* avant *s*, faute qui leur est très-ordinaire. Qu'ils prononcent donc :

spacieux, *et non* es-pacieu.
spécial, — es-pécial.
Stéphanie, — Es-téphanie.
scandale, — es-candale.

MUETTE. — La consonne *s* est muette dans plusieurs cas :

1° Lorsque les consonnes *sc* sont suivies d'une des voyelles *e*, *i*, on ne prononce pas le *s* :

sceau, *pron.* sô.
science, — cianse.
schisme, — chis-me.

☞ Les Anglais et les Américains prononcent *izeume* la finale *isme ;* je dois leur dire que c'est une faute grave en français ; il faut qu'ils la prononcent *ice-me*.

2° *s* est encore muet dans les mots qui suivent :

Thomas, Mathias, Judas, trépas, mors, divers, tamis, os, alors, mets, legs, rets, Duguesclin, Jésus, Christ (*dans Jésus-Christ*), sens (*le sens commun*), lis (*fleur de*), tous (*adjectif*), plus (*exprimant un comparatif ou un superlatif*).

3° Dans les secondes personnes singulières des verbes terminés par *es*, *is*, *us* :

tu aimes, *pron.* tu aime.
tu finis, — tu fini.
tu reçus, — tu reçu.

4° Dans le pluriel de nos substantifs et de nos adjectifs.

les troupes, *pron.* lè... troupe.
les champs, — lè chan...
les maisons, — lè mèzon...
les grands, — lè gran...

NOTA. Il est évident qu'il faut excepter de cette règle les substantifs ayant au singulier un *s*, qui se prononce, comme : *laps*, *atlas*, *as*, *vis*, *chorus*, etc.

Redoub. — Dans les mots composés commençant par *ress* ou *diss*, il ne faut prononcer qu'un *s*, et avec le son propre :

ressentir,	*pron.*	re-santir...
dissentiment,	—	di-santiman.
dissecteur,	—	di-sekteur...
ressaisir,	—	re-sèzir...

Dans tous les autres cas, deux *s* se prononcent fortement, et l'on appuie un peu sur la première de ces consonnes :

essentiel,	*pron.*	es'san-siel.
essayer,	—	es'sai-ié.
essence,	—	es'san-se.

T

☞ Je dois tout d'abord rappeler aux Anglais et aux Américains que *t* suivi de *h* se prononce absolument comme *t* seul. Ainsi, qu'ils n'oublient jamais que

thermal,	*se pron.*	termal.
Athènes,	—	A-tè...ne.
philanthrope,	—	filantrope.

Son accid. — Cette consonne a une singulière prononciation accidentelle, celle de *s*; mais seulement lorsqu'elle est suivie *immédiatement* de la voyelle *i*.

Maintenant dans quels cas *ti* sonne-t-il comme *si* ? Les voici :

1° Dans les adjectifs en *tial, tiel, tieux*. Ainsi dans

abbatial,	*pron.*	a-ba-sial.
substantiel,	—	sub-stan-siel.
captieux,	—	cap-sieu...

2° Dans les adjectifs terminés par *tient*, et dans leurs dérivés :

patient,	*pron.*	pa-sian.
patience,	—	pa-sian...se.
impatienter,	—	in-pa-sian-té.

3° Dans les mots en *atie, étie, eptie, otie, utie* :

primatie,	*pron.*	prima-si...
prophétie,	—	profé-si...
ineptie,	—	i-nep-si...
Béotie.	—	Béo-si...
minutie,	—	minu-si...

4° Dans l'infinitif des verbes en *tier*, ainsi que dans toute leur con-jugaison :

initier,	*pron.*	i-ni-sié.
balbutier,	—	balbu-sié.
j'initiais,	—	ji-ni-siè...
je balbutierai,	—	je balbu-si...ré.

5° Dans tous les noms propres terminés par *tien* :

Dioclétien,	*pron.*	Dioclé-si-in.
Vénitien,	—	Véni-si-in.
Domitien,	—	Domi-si-in.
Gratien,	—	Gra-si-in.

6° De même dans le nombre considérable des substantifs en *tion*, où le *t* n'est précédé ni de *s* ni de *x* :

sédition,	*pron.*	sédi-sion.
action,	—	ac-sion.
acception,	—	ac-sep-sion.
proposition,	—	propôzi-sion.

Nota. Mais la consonne *t* a le son propre dans les mots *question, digestion, bastion, gestion, mixtion*, etc., parce que, dans ces mots, elle est précédée de *s* ou de *x*.

7° *t* sonne encore comme *s* dans les mots *satiété, insatiable;*

8° Enfin dans tout substantif en *tion*, qui, au pluriel, est l'homographe d'un verbe, *t* se prononce comme *s*. Ainsi dans

invention,	*on pron.*	in-van-sion.
relation,	—	rela-sion.
portion,	—	por-sion.
mention,	—	man-sion.

parce que ces mots, écrits au pluriel, sont les homographes de *inventions, relations, portions, mentions,* qui viennent des verbes : inventer, relater, porter, mentir.

NOTA. Le *t* des finales verbales *tions, tiez,* a toujours le son de l'infinitif. Ainsi, comme cette lettre a le son propre dans *inventer,* elle le conserve dans *nous inventions, vous inventiez ;* et, comme *t* sonne *s* dans *initier,* il se prononce de même dans *nous initions, vous initiez.*

MUETTE. — La consonne *t* est muette dans plusieurs cas :

4° Dans le pluriel des mots qui ont un *t* final au singulier :

des magistrats,	*pron.*	dè... majistrâ...
des soldats,	—	dè... soldâ...
des sots,	—	dè sô...

2° A la fin de certains mots, quand elle est précédée de *c* ou de *r.* Tels sont :

aspect,	*pron.*	aspek.
instinct,	—	instink.
respect,	—	respek.
circonspect,	—	circonspek.
art,	—	ar...
suspect,	—	suspek.
rempart,	—	rampar...

Exception : Voici ceux dans lesquels *t* se prononce, quoique précédé de *c* ou de *r :*

abject, contact, correct, district, direct, exact, incorrect, indirect, infect, strict, tact.

3° La consonne *t* ne se prononce pas dans la troisième personne des verbes.

ils aiment,	*pron.*	il zai...me.
ils chanteront,	—	il chanteron...
ils mangeraient,	—	il manjerè...
il paraît,	—	il parè.
il naissait,	—	il nè-sè.

4° Elle est encore muette dans *vingt, cent, Jésus Christ.*

Nota. Comme il est bon de connaître les mots à la fin desquels cette consonne se prononce, j'en vais donner la liste :

accessit, brut, chut! et (*dans et cætera*), fat, granit, mat, indult, lest (*de navire*), prétérit, rapt, tacet, toast (*pron.* toste), transit, zist, zest, vivat, fait (*subst.*), net, le Christ, déficit, rit, dot, sot, but.

Redoub. — Généralement on ne prononce qu'un *t*; mais il y a exception pour les mots que voici :

atticisme,	*pron.*	at' ticisme.
attique,	—	at' tike.
battologie,	—	bat' toloji...
guttural,	—	gut' tural.
pittoresque,	—	pit' toreske.
littéral,	—	lit' téral.
littérature,	—	lit' tératur...

V

Cette consonne s'articule toujours de même; jamais elle n'est redoublée, en français, et sa prononciation ne peut causer d'embarras que dans certains noms propres étrangers où l'on emploie le double *v* (*w*).

Voici, du reste, pour lever toute difficulté à cet égard, la prononciation française des principaux de ces noms.

Brunswik,	*pron.*	Bronsvik.	Rowe,	*pron.*	Rô.
Cornwall,	—	Cornouâl.	Sandwich,	—	Sand'ouiche.
Cowley,	—	Kaoulè.	Swift,	—	Souif-te.
Cromwell,	—	Cromvel.	Wagram,	—	Vagrame.
Galway,	—	Galouè.	Wallon,	—	Oual'lon.
Godwin,	—	Godvin.	Walter-Scott,	—	Oualtère Skote.
Greenwich,	—	Grinit'che.	Warwik,	—	Varvik.
Law,	—	Lâsse.	Washington,	—	Ouazin-gton.
Lewis,	—	Léoui-se.	Waterloo,	—	Vaterlô.
Moscowa,	—	Moscova.	Wellington,	—	Vellin-gton.
Newton,	—	Neuton.	Westminster,	—	Oueste-minstère.
New-York,	—	Neu-Yorke.	Westphalie,	—	Vèce-falie.
Owen,	—	Ovène.	William,	—	Oui-liame.
Otway,	—	Ottouè.	Witikind,	—	Vitikinde.

X

Son accid. — Cette consonne n'a pas d'articulation qui lui soit propre ; sa prononciation dépend de sa place dans les mots : elle sonne tantôt *ks*, tantôt *gz*, tontôt *s*, tantôt *k* ; enfin, dans certains mots, elle se prononce comme *z*.

Voici les règles de sa prononciation :

1° Elle sonne *ks* quand elle se trouve placée devant une consonne :

expérience, *pron.* eks-périanse.
expression, — eks-prè-sion.
ex-ministre, — eks-ministre.

2° Elle sonne *gz* quand elle se trouve entre deux voyelles ou entre une voyelle et un *h* muet, ce qui est équivalent :

examen, *pron.* eg-zamin.
exil, — eg-zil.
exécution, — eg-zécu-sion.
exhorter, — eg-zorté.

3° Au commencement des noms, soit propres, soit communs, elle se prononce aussi *gz* :

Xavier, *pron.* Gzavié.
Xante, — Gzante.
Xantippe, — Gzantipe.
xylon, — gzilon.
xylophage, — gzilofaje.

4° Elle se prononce comme *s* dans les mots

Bruxelles, Auxerre, Auxonne, soixante, Béatrix, dix, six.

5° Avant les syllabes *ce, cen, ci*, il faut la prononcer comme *k* :

excentrique, *pron.* ek-santrike.
excès, — ek-sè...
exciter, — ek-sité.

6° Elle se prononce *z* dans les mots qui suivent :

deuxième, sixième, dixième, sixain, *et leurs dérivés.*

7° A la fin des mots que voici, elle sonne *ks :*

Ajax, borax, Dax, lynx, larynx, Sphinx, phénix, préfix, Styx, index, perplexe, Fox, Pollux.

Muette. — On ne la prononce jamais à la fin des mots terminés par *aux, eux, oux :*

les chevaux, *pron.* lè... ch'vô...
les cheveux, — lè... ch'veû...
les choux, — lè chou...

Nota. J'expliquerai au chapitre de la quantité des syllabes pourquoi, dans certains cas, *les* doit être prononcé long et dans d'autres bref.

Elle est encore muette dans les cinq suivants :

crucifix, flux, reflux, perdrix, prix.

Z

Son accid. — Dans la finale des noms propres cette lettre se prononce *s :*

Alvarez, *pron.* Alva-rè...se.
Suez, — Suè...se.
Pérez, — Pérè...se.
Metz, — Mè...se.

Muette. — On ne la prononce ni dans la finale de la seconde personne plurielle des verbes, ni dans les substantifs communs en *ez.*

vous aimez. *pron.* vou zémé.
vous chantez, — vou chanté.
vous couriez, — vou courié.
biez, — bié.

Redoub. — Elle ne se trouve redoublée que dans les mots qui

nous sont venus de la langue italienne ; elle se prononce alors généralement *dz* :

mezzo termine, *pron.* medzo terminé.

La langue française a encore des consonnes dites *composées ;* ce
sont *ch, gn* et *ph*. Je vais signaler ce qu'il y a de plus ou moins
difficile dans leur prononciation.

CH.

Son accid. — Il s'en faut bien que cette consonne se prononce
toujours comme dans *chaque ;* nous avons une infinité de mots où
elle se prononce comme *k*. Voici les plus usités :

archiépiscopal, eucharistie, Machabées, Achaïe, Chaldée, archange,
chaos, orchestre, Michel-Ange, chirographie, chorégraphie, chiro-
mancie, anachorète, archonte, chœur, choriste, chorus, écho.

Il en est de même dans les syllabes *chro, chry,* qui se rencontrent dans un très-grand nombre de termes scientifiques :

chronomètre, *pron.* cro-nomètre.
chronique,   — cro-nik.
chrysalide,   — cri-zalide.
chrysocale,   — cri-zocal.

Muette. — Il n'y a qu'un seul mot où elle soit muette :

almanach,   *pron.* almana.

GN.

On peut dire, règle générale. que cette consonne composée a le
son *mouillé*, comme dans

gagner, peigne, règne, vigogne, etc.

☞ J'ai rencontré beaucoup d'étrangers pour qui *gn* était une grande difficulté ; ils le prononçaient comme *ni ;* ainsi, par eux, *gagner* était prononcé *ganié.* Mais ce n'est pas du tout la manière d'articuler cette double consonne ; au lieu de presser la langue *contre le palais*, il faut en appuyer la pointe *contre les dents incisives de la mâchoire inférieure.*

SON ACCID. — Il est quelques mots, que je vais énumérer, où le *g* et le *n* conservent leurs sons respectifs ; ce sont :

1° Ceux où *gn* est initial, comme dans

gnome,	*pron.*	gh'no...me.
gnomon,	—	gh'nomon.
gnostique,	—	gh'nosse-tik.

2° Tous ceux qui suivent :

ignicole, ignition, ignivome, regnicole, igné, agnat, agnus, diagnostic, stagnant, stagnation, cognat, Progné.

Dans les quatre que voici, le *g* de cette double consonne est entièrement *muet :*

Clugny,	*pron.*	Clu-ni.
Regnard,	—	Renar...
Regnaud,	—	Renô.
Signet,	—	sinè.

PH.

Cette consonne ne présente aucune difficulté quant à la prononciation ; elle sonne toujours comme *f*. Ainsi, dans

phrénologie,	*pron.*	frénoloji...
physique,	—	fi-zik.
phosphore,	—	fosse-for...

CHAPITRE III.

DE LA QUANTITÉ DES SYLLABES.

Pour bien prononcer les mots, il ne suffit pas d'en bien articuler les voyelles et les consonnes; il faut encore savoir, relativement aux syllabes, celles que l'on doit prononcer *longues* et celles que l'on doit prononcer *brèves*.

Cette partie de la prononciation, qui concerne la longueur et la brièveté des syllabes, constitue l'étude de la *quantité*.

L'usage est sans contredit le meilleur guide à suivre pour acquérir la connaissance de la quantité dans une langue vivante, et je n'en conseillerais point d'autre à des étrangers qui résideraient en France; mais ceux à qui je destine mon ouvrage n'étant pas placés au milieu des mêmes circonstances favorables, je leur devais naturellement une théorie aussi complète que possible sur ce chapitre important.

Puissé-je n'avoir point fait de vains efforts en essayant de les satisfaire !

L'étude de la quantité, en français, gît dans la solution des trois questions que voici : quelles syllabes sont toujours longues? lesquelles sont toujours brèves? enfin, quelles sont celles qui peuvent être tantôt longues, tantôt brèves?

De là les paragraphes suivants.

§ 1. SYLLABES TOUJOURS LONGUES.

On peut ranger ces syllabes en trois catégories : celles qui sont longues à une place quelconque, celles qui sont toujours longues à la condition d'être finales, et celles qui le sont toujours quand elles sont pénultièmes suivies d'une consonne et d'un *e* muet.

Syllabes longues à une place quelconque.

Sont longues à une place quelconque des mots :

1° Les syllabes surmontées d'un accent circonflexe (je les marque par trois points ...). Ainsi, dans

âcre,	*pron.*	â...cre.
brûler,	—	brû...lé.
paraître,	—	paraî...tre.
cloître,	—	cloî...tre.

2° Celles qui se terminent par *e* muet précédé d'une voyelle, comme dans

pensée,	*pron.*	pansé...
envie,	—	anvi...
paiement,	—	pè...man.

Nota. Il est un certain nombre de substantifs et d'adverbes où l'on a supprimé *e* muet après les voyelles *i*, *é;* mais la voyelle qui reste n'en continue pas moins d'être longue. Ainsi, comme cette suppression a eu lieu dans les mots

agrément,	*on pron.*	agré...man.
poliment,	—	poli...man.
décidément,	—	décidé...man.
éperdument,	—	éperdu...man.

Syllabes toujours longues à la fin des mots.

On compte au nombre de ces syllabes :

1° Toute finale d'un mot terminé par *s, x* ou *z*. Ainsi, dans

fracas,	*pron.*	frakâ...
succès,	—	suc-sè...
deux,	—	deu...
nez,	—	né...

2° Les finales *ir, oir,* dans l'infinitif des verbes et dans les substantifs :

finir,	*pron.*	finir...
recevoir,	—	recevoir...
désir,	—	dézir...
dortoir,	—	dortoir...

3° Toutes celles qui finissent par *rd* ou *rt*. Ainsi, dans les mots

dard,	*pron.*	dar...
rempart,	—	ran-par...
il perd.	—	il per...
d'abord,	—	dabor...
sourd,	—	sour...
transport,	—	trans-por...

Pénultièmes qui sont toujours longues.

La syllabe pénultième qui est suivie d'une consonne et d'un *e* muet, est longue :

1° Dans *arre, erre,* quand on ne fait entendre qu'un *r ;* comme dans

barre,	*pron.*	ba...re.
bizarre,	—	biza...re.
tonnerre,	—	tonè...re.

2° Lorsque cette syllabe est nasale et suivie d'une consonne autre que *m* ou *n*. Ainsi, dans les mots suivants :

temple,	*pron.*	tan...ple.
ombre,	—	on...bre.
crainte,	—	crin...te.
entente,	—	antan...te.

3° Quand cette pénultième est séparée de l'*e* final par *s* ou *z* :

base, *pron.*	—	ba...ze.
bêtise,	—	bêti...ze.
rose,	—	ro...ze.
épouse,	—	épou...ze.

4° Dans *asse, isse, usse,* etc., qui se trouvent à l'imparfait du subjonctif de nos verbes :

> que je chantasse, *pron.* que je chanta...ce.
> que tu visses, — que tu vi...ce.
> qu'ils courussent, — qu'il couru...ce.

5° Quand cette pénultième est représentée par l'une des diphthongues *au, eu, ei, oi, ui.* Ainsi, dans

> saule, *pron.* sô...le.
> neige, — né...je.
> heure, — eu...re.
> cuire, — cui...re.
> poivre, — poi...vre.

6° Dans l'infinitif des verbes de la quatrième conjugaison, c'est-à-dire de ceux qui se terminent par *re :*

> faire, *pron.* fè...re.
> coudre, — cou...dre.
> lire, — li...re.
> détruire, — détrui...re.
> boire, — boi...re.
> vivre, — vi...vre.

☞ Je conseille aux étrangers de bien apprendre ces règles, aux Anglais surtout ; car j'en ai peu connu qui ne fissent pas de fautes dans la prononciation des syllabes dont elles déterminent la quantité.

§ 2. Syllabes constamment brèves.

Comme les syllabes toujours longues, je les diviserai en trois catégories : syllabes toujours brèves, quelle que soit leur place, syllabes toujours brèves à la fin des mots, et enfin syllabes toujours brèves quand elles sont pénultièmes suivies d'une consonne et d'un *e* muet.

Syllabes brèves indépendantes de leur place.

Voici quelles sont la plupart de ces syllabes :

1° Toute syllabe renfermant un *e* surmonté d'un accent aigu, comme dans les mots :

> véritable, détester, répéter, Sibérie, etc.

2° Toute syllabe finissant par une voyelle, simple ou composée, suivie d'une autre voyelle qui n'est pas un *e* muet. Prononcez donc brèves celles qui remplissent cette condition dans

> créé, féal, action, doué, tuer, etc.

NOTA. Il résulte de cette règle que, dans toutes les diphthongues auriculaires, la première voyelle doit toujours être brève : c'est ce que j'ai fait voir à la prononciation de ces diphthongues.

3° Toute syllabe qui se termine par la première partie des diphthongues *ay, ey, oy, uy,* suivies d'une voyelle autre que *e* muet. Ainsi, dans les mots :

> crayon, employer, ennuyer.

les syllabes *crai, ploi* et *nui* doivent être brèves.

NOTA. Si, par l'application de règles que je donnerai à l'orthographe, l'*y*, dans un dérivé, se change en *i* simple (auquel cas il est suivi d'un *e* muet), la syllabe précédente redevient *longue* de brève qu'elle était. Ainsi, quoique dans l'exemple précédent les syllabes *ai, oi* et *ui* soient brèves, elles sont longues dans

> il paie, il nettoie, il aboie, il appuie.

4° Toute syllabe qui précède une consonne redoublée. Prononcez ainsi dans

> malle, nacelle, corolle, apprendre; bulle, abbé, etc.

Il y a exception pour quelques mots dont la consonne redoublée est *m, r* ou *s.* Ainsi dans les suivants :

> flamme, *on pron.* flâ...me.
> bourre, — bou...re.
> marri, — mâ...ri.
> que je fusse, — que je fu...ce.

5° Toute syllabe qui, finissant par *r* ou *s,* est suivie d'une syllabe commençant par une *autre* consonne. Prononcez donc ainsi les syllabes qui remplissent ces conditions dans

jaspe, burlesque, espion, caverne, absurde, riposter, historique, etc.

6° Toute syllabe suivie de *x.* Ainsi, dans

axe,	*pron.*	a-kse.
exemplaire,	—	é-gzan-plère.
rixe,	—	ri-kse.
Roxelane,	—	Ro-kselane.

Syllabes toujours brèves à la fin des mots.

Sont brèves en fin de mot les syllabes suivantes :
1° Toutes celles qui se terminent par *l* mouillé. Vous prononcerez donc ainsi les finales des mots

éventail, avril, vermeil, fauteuil, recueil, etc.

2° Toute voyelle nasale dans les substantifs et les adjectifs au singulier. Prononcez ainsi les finales des mots suivants :

turban, pain, divin, parfum, giron, rapin, etc.

NOTA. Il en est de même pour *im, em, en,* quand ces finales ne sont pas nasales. Il faut les prononcer brèves dans

Sélim, réquiem, hymen, etc.

Pénultièmes qui sont toujours brèves.

En voici quelques-unes :
1° Tout *e* pénultième qui porte un accent grave. Ainsi, dans

glèbe,	*pron.*	glè-be.
règle,	—	rè-gle.
collègue,	—	collè-gue.

2° Toutes les syllabes pénultièmes suivies de deux consonnes différentes dont la seconde est *r* ou *l*. Les voyelles *i* et *o* seront donc prononcées brèves dans les mots suivants :

crible, calibre, tigre, article, monocle, noble, sobre, etc.

☞ J'ai une double observation à faire ici aux Anglais et aux Américains : 1° qu'ils se gardent de prononcer *o* grave dans *noble* et *sobre;* 2° que dans tous ces mots ils fassent bien attention de ne point prononcer *beul, beur* les finales *ble, bre,* comme ils font dans leur langue; en français, on prononce toujours ces lettres dans l'ordre qu'elles occupent : *b, l, e, b, r, e.*

§ 3. Syllabes tantot longues, tantot brèves.

Pour répandre autant de clarté que possible dans cette étude, je vais ranger sous quatre chefs ces syllabes à quantité variable. D'abord, syllabes variables dans les mêmes mots; puis syllabes variables dans les mots de même famille; ensuite syllabes variables dans les homophones; et enfin syllabes variables dans des mots tout-à-fait différents.

Syllabes à quantité variable dans les mêmes mots.

Les *syllabes finales* des mots et leurs *pénultièmes* peuvent varier selon les formes, et quelquefois d'après la place des mots. Voici ces principaux changements :

1° Une syllabe pénultième longue peut devenir *brève,* quand le mot auquel elle appartient est un adjectif *qui précède* son substantif. Ainsi, *bra* et *heu,* qui sont longues, quand on dit :

> c'est un homme brave.
> il viendra dans une heure.

deviennent *brèves* si l'on place les adjectifs avant les substantifs, comme dans

> c'est un brave homme.
> il a parlé une heure entière.

2° Les finales plurielles des substantifs et des adjectifs qui ne sont pas terminés par *e* muet au singulier sont *longues,* quand même la syllabe serait *brève* au singulier. Ainsi, quoique *ac, ot, oi, on, at* soient brefs dans le singulier des mots suivants :

> des sacs, *se pron.* dè sak...
> les sots,   — lè sô...
> les lois,   — lè loi...
> cent moutons, — san mouton...
> les soldats,   — lè solda...

Il y a quelques exceptions à cette règle : ce sont les substantifs qui ne changent pas au pluriel. Ainsi,

> des te Deum, *se pron.* dè... té Dé-ome.
> des laissez-passer, — dè lè...sé pa...sé.
> les pourquoi,   — lè... pourkoi.

3° Tous les mots terminés par *s, x* ou *z,* sont longs au singulier ; mais au pluriel, ils sont *encore plus longs.* Dans les mots

> les fracas,   *pron.* lè... fracâ....
> les succès,   — lè... suk-sè....
> les cours,   — lè cour....
> les nez,   — lè né....
> les voix,   — lè voi....

NOTA. Je marque par *quatre* points ces sons en quelque sorte doublement longs.

4° Quand la troisième personne plurielle des verbes est l'homophone de la troisième du singulier, elle est toujours *plus longue* que cette dernière. Dans le cas où la finale est un *e* muet, c'est la pénultième qui s'allonge ; dans tout autre cas, c'est la finale elle-même. Prononcez donc

> *au singulier :* il parle, *au pluriel,* ils par...le.
> — il sautait,   — ils sautai...e.
> — il ferait,   — ils ferai...e.
> — qu'il vienne,   — qu'ils viè...ne.

5° La quantité des monosyllabes *les, mes, tes, ses, nous, vous, nos, vos,* etc., ne reste pas non plus toujours la même : ils sont *longs* quand ils sont suivis d'une syllabe *brève,* et *brefs* quand ils sont suivis d'une syllabe *longue.* Voilà pourquoi

les cieux,	*se pron.*	lè cieu...
les temps,	—	lè tan...
vos plaintes,	—	vô plain...te.

tandis que dans les cas suivants, où *en, a, che,* sont des syllabes brèves, les monosyllabes en question doivent être longs :

mes enfants,	*pron.*	mè... zenfan...
nos amis,	—	nô... zami...
ses chevaux,	—	sè... ch'vô..

6° Les substantifs terminés par *air* ont toujours cette finale longue au singulier ; mais au pluriel, on les *allonge davantage* (j'indique cette prononciation par quatre points) :

les airs,	*se pron.*	lè zè....re.
les chairs,	—	lè chè....re.
les pairs,	—	lè pè....re.

Syllabes à quantité variable dans les mots de même famille.

Ce serait une grande erreur que de croire connaître la quantité d'une syllabe dans un dérivé, parce qu'on sait que cette syllabe est longue ou brève dans le primitif. En voici quelques preuves :

1° On sait que dans l'infinitif des verbes de la première conjugaison l'*e* de *er* est bref ; or, si après ce même *e* vous mettez un *e* muet pour former le participe féminin, le premier devient *long.*

pensée,	*pron.*	pan-sé...
allée,	—	alé...
durée,	—	duré...
bouillie,	—	bou-ii...

2° Dans les verbes en *ayer, oyer, uyer, eyer,* les syllabes *ai, oi, ui, ei* (qui résultent du partage de *y* en deux *i*), sont *brèves ;* dans ceux en *ouer, uer,* il en est de même pour *ou* et *u.* Maintenant, formez de ces verbes des substantifs en *ement,* et ces mêmes syllabes deviennent *longues* :

>paiement,   *pron.* pè...man.
>dévouement, — dévou...man.
>soudoiement, — soudoi...man.
>dénuement, — dénu... man.

3° Les verbes en *ir* et en *ire,* qui ont *i long* à l'infinitif, l'ont *bref* au futur et au présent du conditionnel, temps formés de l'infinitif. Prononcez-le ainsi dans

>je fuirai, tu partiras, il lira, nous rirons, vous sentiriez,
>ils dormiraient, etc.

Quand les verbes en *ir* forment des substantifs en *ment* ou en *tion,* l'*i* devient encore *bref.* Ainsi, quoique l'on dise

>répartir... définir... nourrir... établir... ,

on doit prononcer bref le même *i* dans les mots dérivés suivants :

>répartition, définition, nourriture, établissement.

5° Quand une pénultième suivie de *e* muet est longue, et qu'à la place de l'*e* muet, pour former un dérivé, on met une autre voyelle, cette *pénultième* devient *brève.* Ainsi, bien que l'on prononce longs *a, o, ou, ain* et *en* dans

>extase, rose, épouse, crainte, prétendre,

ces mêmes syllabes seront brèves dans les composés suivants :

>extasier, rosier, craintif, prétention.

6° Lorsqu'une finale qui appartient à un substantif est *brève,* cette même syllabe est *longue* dans le verbe de même famille, au présent de l'indicatif. Ainsi, la finale est *brève* dans les mots :

>défi, ennui, trou, étai, soutien, maintien, entretien.

tandis qu'elle est *longue* dans les verbes :

>il défie, il s'ennuie, il troue, il étaie, il soutient, il maintient,
>il entretient.

Syllabes à quantité variable dans les homophones.

Beaucoup d'homophones, dans notre langue, sont soumis à cette loi, que c'est le changement de quantité dans la prononciation d'une *certaine* syllabe qui occasionne le changement de signification dans le mot.

Il est donc de la plus haute importance, surtout pour les étrangers, de connaître ceux dans lesquels existe une telle syllable, puisqu'il y va du sens même.

Voilà pourquoi je donne ici une liste des homophones qui offrent cette particularité remarquable.

Je répartis ces mots en deux colonnes. Dans celle de gauche, intitulée *longues,* je mets ceux qui ont la syllabe variable longue, et dans celle de droite, intitulée *brèves,* je place en regard de chacun des premiers, son homophone avec cette syllabe brève.

NOTA. On trouvera ici plus d'un mot qui tombe sous l'application des règles énoncées précédemment ; mais cette répétition ne peut être un inconvénient, surtout dans une étude difficile, car n'est-ce pas à force de répéter et de revoir que l'on finit par apprendre ?

LONGUES.	BRÈVES.
Abaisse, fond de toute pâtisserie.	— *Abbesse,* supérieure d'un couvent.
Acquêt, chose acquise, profit.	— *Haquet,* petite charrette sans ridelles.
Ah ! cri de joie, de douleur.	— *Ha !* cri de surprise.
Alène, outil de cordonnier.	— *Haleine,* respiration.
Ane, quadrupède.	— *Anne,* nom propre de femme.
Bâiller, respirer en ouvrant la bouche.	— *Bailler,* donner, fournir.
Balais, rubis d'un rouge pâle.	— *Balai,* instrument pour nettoyer.
Bât, selle des bêtes de somme.	— *Bat* (il), v. *battre,* à l'ind. présent.
Bête, animal irraisonnable.	— *Bette,* plante potagère.
Bond, action de bondir.	— *Bon,* adjectif.
Boue, fange.	— *Bout,* extrémité, fin.
Braie, lange, couche.	— *Brai,* suc résineux.
Bouillie, lait et farine bouillis.	— *Bouilli,* viande bouillie.

LONGUES.	BRÈVES.
Candie, île de la Méditerranée.	— *Candi*, cristallisé (sucre).
Chas, trou d'une aiguille.	— *Chat*, animal domestique.
Côte, os plat et courbe.	— *Cote*, marque numérale.
Côlon, un des gros intestins.	— *Colon*, habitant d'une colonie.
Coud (il), v. *coudre*, au prés. de l'ind.	— *Coup*, choc d'un corps contre un autre.
Croît (il), v. *croître*, au prés. de l'ind.	— *Croit* (il), v. *croire*, au prés. de l'ind.
Dégoûter, v., donner du dégoût.	— *Dégoutter*, tomber goutte à goutte.
Dont, pron. relatif, duquel, de laquelle.	— *Don*, présent.
Faîte, sommet.	— *Faite*, passé du verbe *faire*.
Faix, fardeau.	— *Fait* (il), v. *faire*, au prés. de l'ind.
Féerie, enchantement, art des fées.	— *Férie*, jour de fête.
Ferrement, action de ferrer.	— *Ferment*, levain.
Foie, viscère.	— *Foi*, croyance.
Forêt, grand bois.	— *Foret*, instrument pour percer.
Fûmes, verbe *être* au passé défini.	— *Fume*, verbe *fumer*, à plusieurs temps.
Fût, futaille, partie d'une colonne.	— *Fut* (il), verbe *être*, au passé défini.
Goûte (il), du verbe *goûter*.	— *Goutte*, petite partie d'un liquide.
Hâler, verbe, noircir le teint.	— *Haler*, verbe, tirer un bateau.
Héler, terme de mer, appeler.	— *Ailé*, qui a des ailes.
Hôte, qui tient une hôtellerie.	— *Hotte*, panier qui se porte sur le dos.
Jais, substance d'un noir luisant.	— *Geai*, oiseau.
Jeûne, abstinence.	— *Jeune*, peu avancé en âge.
Laisse (il), verbe *laisser*.	— *Laisse*, cordon pour mener les chiens.
Lieue, mesure itinéraire.	— *Lieu*, espace qu'occupe un corps.
Maint, adjectif signifiant plusieurs.	— *Main*, extrémité du bras.
Mâle, du sexe masculin, fort.	— *Malle*, coffre pour les habits.
Mât, pièce de bois qui porte les voiles.	— *Ma*, adjectif possessif.
Mais, conjonction.	— *Mai*, cinquième mois de l'année.
Maille, anneau de tissu, monnaie.	— *Mail*, jeu, promenade.
Maître, qui a des serviteurs.	— *Mettre*, verbe qui signifie placer.
Mâtin, gros chien.	— *Matin*, première partie du jour.
Mie, partie molle du pain.	— *Mi*, note de musique.
Mois, douzième partie de l'année.	— *Moi*, pronom personnel.
Mont, montagne isolée.	— *Mon*, adjectif possessif.
Moue, grimace.	— *Mou*, adjectif, qui n'est pas dur.
Mue, maladie des oiseaux.	— *Mû*, partic. passé du verbe *mouvoir*.
Mûr, adj., qui a de la maturité.	— *Mur*, muraille.

LONGUES.	BRÈVES.
Oublie, pâtisserie légère.	— *Oubli,* manque de souvenir.
Ouïe, le sens qui perçoit les sons.	— *Oui,* adverbe d'affirmation.
Pâle, de couleur tirant sur le blanc.	— *Pal,* pieu aiguisé par un bout.
Pâte, farine détrempée et pétrie.	— *Patte,* pied des animaux.
Paume, dedans de la main.	— *Pomme,* fruit du pommier.
Pêcher, verbe, prendre du poisson.	— *Pécher,* transgresser la loi divine.
Pêne, partie d'une serrure.	— *Peine,* affliction, souffrance.
Perçant, part. prés. du verbe *percer.*	— *Persan,* adj., qui est de la Perse.
Pieux, qui a de la piété.	— *Pieu,* morceau de bois long et pointu.
Plaie, blessure, cicatrice.	— *Plaid,* plaidoirie, manteau écossais.
Plaint, verbe *plaindre,* au prés. ind.	— *Plain,* adj., uni, plat.
Plant, scion, rejeton pour planter.	— *Plan,* dessein, projet.
Plie, poisson plat de rivière.	— *Pli,* double fait à une étoffe.
Prêteur, celui qui prête.	— *Préteur,* magistrat romain.
Proue, partie de l'avant d'un navire.	— *Prou,* adv., assez, beaucoup.
Raie, poisson.	— *Rais,* rayon de roue.
Ras, uni, dont le poil est rasé.	— *Rat,* petit animal.
Rêne, courroie, guide.	— *Renne,* quadrupède du nord.
Saint, pur, parfait.	— *Sain,* qui est en santé.
Sas, tamis.	— *Sa,* adjectif possessif.
Saut, action de sauter.	— *Sot,* stupide, grossier.
Scène, lieu où se passe une action.	— *Seine,* sorte de filet pour pêcher.
Serrement, action de serrer.	— *Serment,* promesse, jurement.
Soie, fil d'un certain ver.	— *Soi,* pronom personnel.
Soûl, adjectif, saturé, rassasié.	— *Sou,* monnaie.
Soutient (il), du verbe *soutenir.*	— *Soutien,* support, appui.
Succinct, bref, concis.	— *Succin,* ambre jaune.
Sûr, adj., certain.	— *Sur,* adjectif, aigre.
Temps, mesure de la durée, époque.	— *Tan,* écorce de chêne.
Tient (il), forme du verbe *tenir.*	— *Tien,* pronom possessif.
Tortue, animal amphibie.	— *Tortu,* qui n'est pas droit.
Tournois, adj. de Tours (monnaie).	— *Tournoi,* exercice militaire.
Toux, mouv. convulsif de la poitrine.	— *Tout,* adjectif indéfini.
Troue (il), du verbe *trouer.*	— *Trou,* ouverture, profondeur.
Vins (je), verbe *venir,* au passé défini.	— *Vin,* jus exprimé du raisin.
Visse (que je), v. *voir,* au subj. imp.	— *Vis,* pièce de bois ou de fer cannelée
Voix, son produit par la bouche.	— *Voit* (il), verbe *voir,* au pr. de l'ind

Syllabes à quantité variable dans des mots tout-à-fait différents.

Je n'énumèrerai point ici toutes ces syllabes, qui sont assez nombreuses dans notre langue ; je me propose seulement de mentionner celles qui se présentent le plus fréquemment.

Afin de n'avoir pas à recourir à des signes particuliers pour marquer la quantité, je fais deux colonnes verticales des mots que je cite ; celle de gauche contient les mots à syllabes longues, et celle de droite ceux où les mêmes syllabes se trouvent brèves.

Du reste, les mots *longues* et *brèves,* placés en tête de chaque page, serviraient à rappeler cet avis au lecteur s'il venait à l'oublier.

NOTA. Les syllabes qui ont un accent circonflexe étant longues, je ne les ferai point figurer dans cette liste : elles ne peuvent occasionner d'embarras à personne.

abe.

LONGUES.	BRÈVES.
Dans les deux substantifs :	Dans tous les autres mots :
crabe, astrolabe.	syllabe, arabe, etc.

able

Dans les substantifs :	A la fin des adjectifs :
diable, fable, sable,	aimable , louable, coupable, honorable, etc.
Ainsi que dans le verbe *accabler* :	
il accable, il accablait, il accablera.	Et dans les deux substantifs :
	table, étable.

☞ Que ceux de mes lecteurs qui parlent anglais veuillent bien se rappeler que chez nous *ble* n'est jamais prononcé *beul,* comme dans leur langue ; mais *b'le.*

ace.

Dans le verbe *lacer* et ses composés :	Dans les adjectifs et la plupart des substantifs :
il lace, il délace, il entrelace.	face, glace, rapace, vorace, trace, limace, etc.
Et aussi dans le subst. *espace.*	

agne.

LONGUES.	**BRÈVES.**
Dans toute la conjugaison du verbe *gagner* :	Dans tous les autres mots :
il gagne, il gagnait, il gagnera.	Charlemagne, campagne, compagne.

aide.

Dans le substantif *aide*, et dans la conjugaison du verbe *aider* :	Dans l'adjectif *laide* et dans la conjugaison du verbe *plaider* :
il aide, il aidait, il aidera.	il plaide, il plaidera, il plaiderait, qu'il plaide, etc.

aille.

Dans le subjonctif des verbes *aller, falloir, valoir* :

que j'aille, qu'il faille, que tu vailles, etc.

Ainsi que dans les mots suivants :

ailleurs, bataille, caille, caillot, caillou, débrailler, écaille, entaille, entrailles, ferraille, épousailles, érailler, grisaille, haillon, maille, mitraille, paille, railler, semaille, tailler, tirailler, trouvaille, volaille.

Dans les mots qui suivent :

assaillir, avitailler, bailler (donner), défaillir, émailler, faillir, gaillard, jaillir, médaille, saillir, travailler, détailler, évantailliste, ravitailler, etc.

NOTA. La syllabe *aille* conserve dans les dérivés la quantité qu'elle a dans les primitifs ; ainsi, comme elle est longue dans *bataille*, elle le sera dans *batailler*.

aine.

Dans *haine* et ses composés.	Dans tous les autres mots :
haineux, haineuse.	aubaine, capitaine, hautaine, porcelaine, etc.

ame.

LONGUES.	BRÈVES.
Dans la conjugaison des trois verbes : *déclamer*, *proclamer* et *réclamer*.	Dans tous les autres mots : amalgame, dame, lame, rame, etc.

anne.

Dans les seuls substantifs : manne, Jeanne.	Dans tous les autres mots : banne, canne, paysanne, il vanne, etc.

asse.

A l'imparf. du subj. des verbes : que j'aimasse, que tu chantasses, que nous parlassions, etc. Dans les adject. fémin. suivants: basse, grasse, lasse. Dans nombre de subst. et de verbes dont voici les plus usités : casse, cassie, passer, passion, ramasser, sasser, tasse, classe, échasse.	Dans tous les autres mots, dont voici les primitifs : bassine, bécasse, casserole, cassette, cassine, cassonade, chasselas, chasse, chassie, crasse, embarrasser, ambassade, embrasser, finasser, fracasser, massacre, massif, massue, rassasier, rassurer, rêvasser, vassal.

eine.

Dans les deux mots : reine, Seine (fleuve).	Dans tous les autres : baleine, haleine, verveine.

erre.

Dans les mots qui suivent : ferrer, perruque, serrement, nous verrons, vous verrez, etc.	Dans ceux-ci (relativ. moins longue) : terrible, derrière, errata.

esse.

LONGUES.	BRÈVES.

Dans les mots ci-après :
  cesse, confesse, presse, professe, expresse,
Et le verbe *s'empresser*, dans toute sa conjugaison.
	Dans tous les autres :
	  comtesse, déesse, paresse, pauvresse, traitresse, etc.

isse.

A l'imparfait du subjonctif :
  que je fisse, que tu finisses, que nous rendissions, que vous écrivissiez, etc.
	Dans tous les autres cas :
	  éclisse, lisse, qu'il polisse, qu'il finisse, qu'il amollisse, etc.

ome.

Dans les mots que voici :
  atome, axiome, gnome, polynome, gastronome, idiome, économe.
	Dans les autres, tels que :
	  Rome, majordome, etc.

one.

Dans les substantifs suivants :
  amazone, matrone, polygone,
Et tous les autres en *gone*.
	Dans tous les autres mots :
	  carbone, madone, monotone, trombone.

osse.

Dans les mots suivants :
  grosse, fosse, il endosse, il désosse, il engrosse.
	Dans tous les autres :
	  bosse, cosse, crosse, rosse, carrosse, brosse, etc.

ouche.

Dans les trois mots qui suivent :
  louche, douche, loucher (et dans toute sa conjugaison).
	Dans tous les autres mots :
	  bouche, souche, babouche, cartouche, etc.

oude.

<table>
<tr><td>LONGUES.</td><td>BRÈVES.</td></tr>
</table>

LONGUES.

Dans le substantif *soude*, dans le verbe *souder* et toute sa conjugaison.

BRÈVES.

Dans toutes les autres :

coude, consoude, il boude, qu'il coude (verbe *couder*).

oule.

LONGUES.

Dans la conjugaison des verbes suivants :

crouler, mouler, s'écrouler.

BRÈVES.

Dans tous les autres mots :

boule, houle, il roucoule, il foule, etc.

ouille.

LONGUES.

Dans les mots suivants et dans leurs dérivés :

brouille, fouille, houille, pouille, rouille, souille, souiller.

BRÈVES.

Dans tous les autres :

andouille, citrouille, grenouille, patrouille, quenouille, etc.

ousse

LONGUES.

Dans toute la conjugaison du verbe *tousser :*

il tousse, nous toussions, ils tousseront, etc.

BRÈVES.

Dans les autres, adjectifs, verbes ou substantifs :

rousse, il pousse, trousse, il glousse, Toussaint, etc.

usse.

LONGUES.

Dans l'imparfait du subjonctif :

que je dusse, que tu vécusses, que nous courussions, etc.

BRÈVES.

Dans tous les autres mots, quels qu'ils soient :

musse, aumusse, Russe, Prusse.

Voilà une étude de la quantité qui semblera peut-être bien étendue; mais l'expérience m'a tellement convaincu que la connaissance des longues et des brèves est indispensable pour prononcer correctement la langue française, que je n'ai pas dû hésiter à traiter cette matière avec tous les détails qu'elle comporte, quand m'apparaissait indubitable l'utilité qu'y trouveraient mes lecteurs.

Encore un mot pour résoudre une question.

Dans la conversation, où les mots se succèdent plus rapidement que dans une lecture à haute voix, la différence prosodique des syllabes s'amoindrit nécessairement. Peut-elle aller jusqu'à devenir nulle?

Certainement, à une oreille qui n'est point exercée aux sons de notre langue, il semble qu'il n'y ait alors que des brèves dans le discours. Mais c'est une illusion : soit que nous parlions, soit que nous lisions, nous distinguons toujours la longue de la brève, comme le musicien exprime la différence d'une note à la note inférieure, quelle que soit d'ailleurs la mesure du morceau qu'il exécute.

LIVRE SECOND.

PRONONCIATION DES MOTS RÉUNIS EN PHRASES.

Une étude complète de la prononciation des mots réunis en phrases exige que l'on s'enquière comment il faut grouper les mots pour en transmettre exactement le sens à l'auditeur, quand et comment on doit les lier pour plaire à son oreille, quel ton il convient de donner à ce qu'on lit pour mieux le lui faire sentir, et enfin, ce qui est relatif à la lecture des vers.

De là quatre chapitres dans ce livre.

CHAPITRE Iᵉʳ.

COMMENT IL FAUT GROUPER LES MOTS.

Quel but se propose-t-on quand on prononce une phrase? Évidemment de transmettre à celui qui nous écoute la pensée qu'elle contient.

Or, pourrait-on opérer facilement cette transmission en prononçant les mots, sans interruption, à la suite les uns des autres, en laissant, pour ainsi dire, tomber les syllabes avec la régularité du bruit que fait entendre une machine?

Certes non; un tel discours serait, le plus souvent, inintelligible, parce que l'esprit de l'auditeur ne pourrait que difficilement saisir les rapports dans cet ensemble monotone où seraient confondus les signes de la pensée.

A ce mode d'élocution, que l'on juge plus impraticable encore, si l'on songe à la difficulté de respirer qu'il offrirait au lecteur, on a dû préférer celui qui consiste à diviser la phrase en groupes formés de mots tellement choisis, que la pensée puisse jaillir de leur énoncé clairement pour celui qui écoute et sans fatigue pour celui qui prononce.

C'est à cette espèce d'analyse de la phrase que je vais consacrer ce premier chapitre.

Mais les divers groupes que l'on doit faire ainsi dans une phrase sont nécessairement déterminés par des repos; d'où il suit que tout se réduit simplement à signaler ici les endroits où l'on doit s'arrêter en faisant la lecture.

Les repos de la lecture sont de deux sortes : les uns se trouvent marqués par la ponctuation, les autres ne le sont par aucun signe.

§ 1er. REPOS MARQUÉS PAR LA PONCTUATION.

Les signes de la ponctuation sont : la virgule, le point-virgule, les deux points et le point.

Voici la valeur relative des repos indiqués par chacun d'eux :

La virgule (,) indique le moindre des repos de la ponctuation. On pourrait la prendre pour unité.

Pour le point-virgule (;), le repos est un peu plus marqué. Il pourrait être représenté par 2.

A deux points (:), il faut s'arrêter un peu plus qu'au point-virgule. Ce signe pourrait se représenter par 3.

Le point (.) demande un repos plus décisif pour faire sentir à l'auditeur que tout est fini pour la pensée que l'on vient d'énoncer. Sa valeur relative pourrait s'indiquer par 4, et, lorsqu'il est à la fin de l'alinéa, par 5.

Le point a plusieurs formes composées, qui reçoivent des noms particuliers : le point interrogatif (?), le point exclamatif (!), le point suspensif (.....). Mais le repos est généralement *le même* que celui du point simple, ces dernières figures de ponctuation ne pouvant affecter que le ton du discours.

Avant de terminer ce paragraphe, je dois faire l'observation suivante, qui est d'une très-grande importance :

Dans la lecture, on ne saurait se montrer trop rigide observateur des repos prescrits par la ponctuation ; car souvent il arrive qu'en changeant la proportion établie entre les pauses, on donne lieu soit à des équivoques, soit à des sens contradictoires.

Je vais montrer cela par des exemples.

Supposez que dans ce vers de Corneille :

> Règne ; de crime en crime, enfin te voilà roi.

au lieu de s'arrêter après *règne,* comme le veut le point-virgule, on ne fasse que la pause d'une virgule, et qu'au lieu de marquer après *crime* la pause d'une virgule, on s'arrête comme s'il y avait un point-virgule. Qu'en résultera-t-il ?

Ceci : qu'au lieu de faire entendre que celui à qui l'on parle est arrivé à se faire roi à force de crimes, on l'exhortera à accumuler crimes sur crimes pendant son règne.

Je prends un autre exemple :

> Mahomet propageait sa religion, le Coran d'une main et l'épée de l'autre ; il mourut empoisonné.

Si l'on fait après *religion* la pause qui convient au point-virgule, et après *l'autre,* celle qui correspond à une virgule, on indiquera la manière dont Mahomet propageait sa religion ; mais si l'on met un point-virgule à la place de la virgule, et réciproquement, on indiquera dans quelle attitude il mourut.

§ 2. Repos non indiqués par la ponctuation.

De même que les accents sont insuffisants pour marquer les diverses modifications des voyelles, de même les signes de la ponctuation le sont pour marquer tous les repos à faire dans la lecture.

Il convient donc de donner des règles pour les repos dont le lecteur n'est averti par aucun signe.

Nota. Les repos dont il sera question ici sont tous un peu moins longs que celui de la virgule. Je les indiquerai dans les exemples par un trait vertical | .

On peut donner comme première règle, qu'on fait une pause là où se trouve un mot sous-entendu.

Il établira sur des fondements inébranlables, des monuments | immortels.

Qui oserait prétendre que la lutte ne forme pas l'athlète? la bataille | le guerrier? la tribune | l'orateur? la réflexion | le philosophe?

Le ton sera non-seulement élevé, mais | sublime.

On s'arrête avant *immortels*, à cause de *qui seront* sous-entendu; avant *le guerrier, l'orateur, la réflexion*, pour tenir lieu de *ne forme*, et enfin avant *sublime*, parce que, sans l'ellipse, il y aurait à cet endroit *sera*.

Cela dit, on peut ranger sous quatre chefs ce qui est relatif aux repos que la ponctuation n'indique pas : 1° parties de phrase qui veulent toujours une pause avant elles; 2° celles qui veulent une pause avant et après elles; 3° celles qui veulent la pause tantôt avant elles, tantôt après, et enfin 4° celles qui veulent être divisées par une pause.

Parties de phrase qui veulent une pause avant elles.

Avant les expressions corrélatives, comme *non-seulement... mais encore, autant... autant, ni... ni, de... à,* on fait toujours une pause :

Le sentiment le fera passer | de ce que l'on dit à ce que l'on va dire.

Ils sont les maîtres de joindre à la grandeur de leur sujet | autant de couleur, autant de mouvement, autant d'illusion qu'il leur plaît.

Le ton sera | non-seulement élevé, mais sublime.

Et comme il ne les a | ni comparés ni subordonnés, etc.

Quand un substantif est suivi de deux ou de plusieurs adjectifs ; quand un verbe est suivi de deux compléments de même espèce, de deux ou de plusieurs attributs, on fait toujours une pause avant ces énumérations.

Il faut savoir | les présenter, les manier, les ordonner.

Le style sera | diffus, lâche et traînant.

S'ils sont écrits | sans grâce, sans noblesse et sans génie, ils périront.

Parties de phrase qui veulent une pause avant et après elles.

Lorsqu'un ou plusieurs mots subissent une inversion, ils doivent être lus entre deux repos :

Pour que | mécaniquement | on soit porté à l'imitation de la cadence.

Vous avez préféré | à toute autre contrée | les rives de l'Euphrate, pour y élever un superbe édifice.

Lorsqu'une fois | il aura rassemblé et mis en ordre toutes les pensées essentielles à son sujet, etc.

NOTA. Lorsque l'inversion est comprise entre *c'est* et *que,* la pause doit se faire immédiatement avant *que* :

Ce n'est néanmoins que dans les siècles éclairés | que l'on a bien écrit et bien parlé.

C'est en cela | que consiste la sévérité du style.

Mots qui veulent la pause tantôt avant, tantôt après eux.

Nous avons deux mots qui sont dans ce cas : *tout* et *même.*

Quand le mot *tout* se trouve placé entre un verbe et un *régime de même genre et de même nombre* que lui, on place la pause différemment, selon les mots auxquels *tout* se rapporte.

Se rapporte-t-il au régime, on met la pause avant *tout* :

La poésie, l'histoire et la philosophie occupent | toutes les heures de sa vie.

Mais si le mot *tout* se rapporte au sujet du verbe, il faut faire le repos *immédiatement* après le mot *tout* :

La poésie, l'histoire et la philosophie ont toutes | le même sujet.

Lorsque *même* exprime l'identité, il doit être précipité après le pronom ou le substantif qu'il accompagne, et, par conséquent, veut la pause *après* lui :

C'est votre temps, ce sont vos soins, vos affections, c'est vous-même | qu'il faut donner.

Les écorces mêmes | des végétaux sont en harmonie avec les températures de l'atmosphère.

Mais quand il a le sens de *qui plus est, jusque,* qu'il indique, en un mot, une idée d'extension, il faut toujours que la pause le *précède* :

Il faut obéir aux lois | même injustes.

Ils voulaient surpasser les Aristide en justice, les Phocion en constance, les Fabrice en modération, et les Caton | même en vertu.

☞ Les étrangers doivent s'apercevoir qu'ici on ne peut prononcer convenablement sans comprendre parfaitement le sens de *tout* et de *même*. Je les engage donc à chercher toujours, au préalable, à s'en bien pénétrer.

Parties qui doivent être séparées par une pause.

Voici entre quelles parties de la phrase on doit encore faire une pause :

1° Entre l'adjectif et le substantif, quand ils viennent après le verbe *rendre* :

Autrement, le grand nombre de divisions, loin de rendre un ouvrage | plus solide, en détruit l'assemblage.

2° Entre le substantif et l'adjectif, lorsque celui-ci est précédé d'un adverbe qui le modifie :

Par une impression | purement mécanique, ils transmettent aux autres leur enthousiasme et leurs affections.

3° Entre deux ou plusieurs verbes et l'adverbe ou le complément qui leur est commun :

Tous les mouvements, tous les signes concourent et servent | également.

Il naquit, il vécut, il mourut | dans le temple.

4° Entre le sujet (nominatif) simple ou complexe et le verbe d'une proposition principale :

La véritable éloquence | suppose l'exercice du génie et la culture de l'esprit.

Ces hommes | sentent vivement, s'affectent de même.

Ces choses | sont hors de l'homme, le style | c'est l'homme même.

Ceux qui ne voient pas Dieu | ne m'ont jamais paru des hommes.

5° Entre un antécédent et son relatif, quand celui-ci est suivi d'une virgule :

Tel est l'homme | qui, après avoir conquis l'Asie, mourut à trente-deux ans au sein des plaisirs.

Nota. Dans cette phrase et autres analogues, la virgule qui suit le relatif marque un repos un peu moins long que celui qui n'est point indiqué par la ponctuation

6° Entre les compléments différents (parmi lesquels je compte l'adverbe) qui appartiennent à un même verbe :

Épuisez vos trésors et votre industrie | sur cet ouvrage incomparable.

C'est en marquant leur place | sur ce premier plan, qu'un sujet est circonscrit.

Il faut y réfléchir assez | pour voir clairement l'ordre de la pensée.

Il aperçoit à la fois | un grand nombre d'idées.

7° Entre un verbe et son complément, si celui-ci est une proposition précédée de *que, de* ou *quel.*

Je priai mon lapin | de ne plus avoir d'humeur, et je lui dis | que j'aurais soin de lui et de ses camarades, s'il s'en trouvait encore.

Par la sagacité que donne la grande habitude d'écrire on sentira d'avance | quel sera le produit de toutes ces opérations de l'esprit.

8° Entre deux propositions unies par une conjonction :

Que faut-il | pour émouvoir la multitude et l'entraîner ?

Il faut agir sur l'âme et toucher le cœur | en parlant à l'esprit.

Plus de candeur | que de confiance, plus de raison | que de chaleur.

Enfin, si l'on écrit | comme l'on parle, si l'on est convaincu de ce que l'on veut persuader, etc.

Exception. Dans le cas où la conjonction est l'une des trois : *car, cependant, donc,* la pause se fait *après* cette conjonction :

Car | il n'y a que la vérité qui soit durable et même éternelle.

Cependant | tout sujet est un.

Il demeurera donc | dans la perplexité.

Probablement je n'ai pas signalé tous les endroits où il faut faire cette pause que la ponctuation n'indique pas; mais ce que je viens de dire me semble suffisant pour mettre les étrangers en état de découvrir les autres : la question dont il s'agit étant commune à toutes les langues, chacun d'eux, par cela même, possède assez de données pour en compléter la solution relativement à la langue française.

CHAPITRE II.

Lorsqu'un mot finit par une voyelle, et que celui qui doit le suivre immédiatement (comme appartenant à un même groupe) commence par une lettre de même espèce, généralement la prononciation de ces mots ne peut se faire sans une certaine aspiration de la seconde voyelle, aspiration toujours peu sympathique à notre oreille.

Nous avons cherché à diminuer, autant que possible, cette rencontre désagréable de voyelles. Dans la poésie, nous l'avons entièrement proscrite ; et si la liberté de la prose ne nous a pas permis d'être aussi rigoureux, nous n'en avons pas moins obtenu là encore, en faveur de l'euphonie, d'assez notables concessions.

L'une de ces concessions consiste, dans certains cas où le premier mot se termine par une ou deux consonnes muettes, à se servir de l'une de ces consonnes comme de moyen pour éviter l'hiatus. A cet effet, cette lettre devient sonnante de muette qu'elle était, on prononce comme si les deux mots n'en faisaient qu'un seul, et modifier ainsi le son de ces mots, c'est ce qu'on appelle *faire la liaison*.

La liaison est à la fois une des difficultés et une des beautés de la langue française ; à ce double titre, elle méritait une étude approfondie dans le présent chapitre.

L'étude de la liaison se divise naturellement d'après la manière dont les consonnes finales se lient ; les unes conservent le son qui leur est *propre ;* les autres *s'adoucissent ;* d'autres, au contraire, deviennent plus *dures.*

De là les trois paragraphes suivants :

§ 1ᵉʳ. CONSONNES QUI CONSERVENT LEUR SON PROPRE.

Ces consonnes sont au nombre de six : *C, N, P, R, T* et *Z.* Mais la présence de ces lettres à la fin d'un mot n'est pas toujours une nécessité de faire la liaison, ce qui oblige d'examiner, pour chacune d'elles, dans quels cas la liaison *doit avoir lieu,* et dans quels cas il faut *s'abstenir* de la faire.

C

Généralement cette consonne se lie, et prend alors le son de *k.* Ainsi les groupes

estomac affamé, *se pron.* estoma Kafamé.
tabac en poudre,   —   tâba Kan poudre.
franc étourdi,   —   fran Kétourdi.
de clerc à maître,   —   de cler Ka mêtre.

Mais il y a des exceptions. Dans les mots *marc, accroc, cric, banc,* le *c* ne se lie jamais; voilà pourquoi

un banc élevé,   *se pron.* un ban élevé.
un marc et douze onces,   —   un mar é dou-zonce.
l'accroc est une déchirure, —   l'acro è tune déchirure.
un cric et un marteau,   —   un cri è un martô.

☞ Je prie les étrangers de bien se rappeler que toutes les fois qu'on ne lie pas une consonne avec la voyelle qui la suit, comme cela a lieu dans les exemples qui précèdent, on doit faire *une légère pause* entre les mots non liés.

N

La liaison de cette consonne avec le mot suivant implique l'importante question de la *liaison des finales nasales.*

Il y a des finales nasales qui se lient toujours, d'autres qui ne se lient jamais, et d'autres enfin qui tantôt se lient et tantôt ne se lient pas.

Finales nasales qui se lient toujours.

En, préposition ou mis pour *comme,* se lie toujours, et cette liaison s'opère en mettant un second *N* devant le mot suivant :

en avant,	*pron.*	an *N*avan.
être en erreur,	—	être an *N*erreur...
se conduire en homme,	—	se conduir an *N*ome.

In se lie toujours aussi, et avec répétition de *N*. Ainsi, dans

un divin auteur,	*on pron.*	un divin *N*ôteur...
le malin esprit,	—	le malin *N*espri.
matin et soir,	—	matin *N*é soir...

Finales nasales qui ne se lient jamais.

An ne veut jamais de liaison. Dans les groupes

courtisan adroit,	*on pron.*	courtizan adroi.
tyran exécrable,	—	tiran eg-zécrable.

Ion. Il n'y a pas un seul mot en *ion* qui soit susceptible de liaison ; en faire une, ce serait une faute impardonnable.

la nation et son chef,	*se pron.*	la nacion é son chef.
une affection et une haine,	—	une afec-sion é une êne.

Oin, ouin, comme le précédent, ne se lient jamais :

le soin et l'exactitude,	*pron.*	le soin é leg-zactitude.
le marsouin et la baleine,	—	le marsou-in é la balène.

Finales qui tantôt se lient et tantôt ne se lient pas.

Ain, ein, ne se lient que lorsqu'ils appartiennent à un adjectif *suivi* de son substantif ; et alors *n* se redouble. Ainsi, les groupes

un certain homme,	*se pron.*	un certin *N*ome.
le prochain été,	—	le prochin *N*été.
en plain air,	—	an plin *N*è...re.

En pronom. Quand il est placé *après* le verbe, et qu'il n'a point, par le sens, de relation avec le mot suivant, on ne le lie jamais. La phrase suivante,

parlez-en à votre ami,	*se pron.*	parlé-zan a votr' ami.

Mais quand il *précède* son verbe, il faut toujours lier le pronom *en* avec ce dernier :

il en approuve le dessein, *pron.* il en *N*aprouve le dé-cin.
elle en aime la musique,   —   èle en *N*ème la mu-zik.

En, finale des mots, ne se lie que dans les deux substantifs *hymen, examen,* et encore ne faut-il faire sonner qu'un *n.*

hymen affreux,   *pron.* imè *N*afreu...
examen utile,   —   eg-zamè *N*util.

Ien. Ne liez que les adjectifs placés *avant* leur substantif, ainsi que les mots *bien, rien,* quand ils *précèdent* les adjectifs, les verbes ou les adverbes qu'ils peuvent modifier :

l'ancien ami,   *pron.* lan-cien *N*ami.
bien indifférent,   —   bi-in *N*indiféran.
il n'a rien appris,   —   il na ri-in *N*apri.

On. Jamais de liaison pour les substantifs en *on.* Ainsi

le savon est là,   *pron.* le savon è la.
le canon a tonné,   —   le canon a toné.

Mais avec le qualificatif *bon* et avec les possessifs *mon, ton, son,* suivis d'un substantif, il faut toujours faire la liaison :

voilà un bon esprit, *pron.* voila un bon *N*espri.
mon ami,   —   mon *N*ami.
son enfant,   —   son *N*anfan.

Nota. Lorsque ces mêmes possessifs se trouvent devant un substantif *féminin,* on ne prononce qu'un *n.* Ainsi

son histoire,   *se pron.* so *N*istoire.
mon amitié,   —   mo *N*amitié.
ton étoile,   —   to *N*étoile.

On pronom et placé avant son verbe, se lie toujours en doublant le *n.*

on a vécu,   *se pron.* on *N*a vécu.
on était amis,   — on *N*étè tami...
on entendra,   — on *N*antandra.

Mais dans les autres cas, il ne faut jamais lier le pronom *on* avec le mot qui peut le suivre. Ainsi, dans

pense-t-on à nous! *on pron.* pance-ton à nou!
a-t-on entendu!   —   a-ton entendu ?

On, dans l'adverbe *non*, se lie lorsqu'il *précède* un adjectif qu'il modifie. Ainsi les mots suivants :

regardez cela comme non avenu,
se pron. regardé c'la comme non *N*avenu.

Mais dans les autres cas, il ne se lie jamais. Ainsi il faut prononcer sans liaison ces phrases :

J'irai, mais non avec lui.
Je répondis non à ce qu'il me demandait.

Un. Tous les adjectifs qui ont cette finale se lient *avant* leur substantif. Dans les groupes :

aucun ouvrage, *on pron.* ôkun *N*ouvrage.
le commun intérêt,   — le comun *N*intérè.
l'importun ami,   — limportun *N*ami.

Dans toute autre position, ces mêmes mots ne souffrent jamais de liaison. Vous prononcerez donc sans lier *n* :

Je n'en connais aucun à qui me fier.
Nous n'avons rien de commun avec lui.

Il y a une exception pour l'expression *l'un et l'autre,* et l'on fait la liaison en doublant le *n;* prononcez : *l'un né lôtre.*

P

Cette consonne ne se lie pas toujours au mot suivant.

Elle se lie dans les finales *ep, op, oup*. Ainsi, dans les groupes :

un cep arraché, *on pron.* un cè *P*araché.
trop ambitieux, — tro *P*anbicieu...
coup affreux, — cou *P*afreu...

Dans les autres cas, on ne la lie jamais. En conséquence,

un drap usé, *se pron.* un dra uzé.
champ en friche, — chan an friche.
camp inexpugnable, — kan i-nek-spug-nable.

R

Comme *r* n'est muet que dans les mots en *er*, il s'ensuit qu'ici il s'agit seulement de savoir dans quel cas un mot finissant par *er* doit se lier et dans quel cas il ne doit pas se lier.

Un mot ayant la finale *er* doit se lier,

1° Si c'est un *adjectif* placé *avant* un substantif. La liaison se fait par le *r* légèrement senti, et en prononçant l'*e* comme s'il avait un accent aigu :

le premier homme, *pron.* le premié *R*ome.
un léger obstacle, — un légé *R*obstacle.
un dernier effort, — un dernié *R*éfor...
entier amortissement, — entié *R*amorticeman.

2° Dans les infinitifs de la première conjugaison, et cela, de la même manière que pour l'adjectif. Ainsi, dans

dîner en tête à tête, *on pron.* diné *R*an têta tête.
refuser aux uns, — refuzé *R*ô zun...
donner aux autres, — doné *R*ô zôtre.

Un mot en *er* ne se lie jamais,

1° Quand ce mot est un *substantif suivi* de son adjectif :

un danger éminent, *pron.* un danjé éminan.
un rocher à pic, — un roché a pic.
un potager abondant, — un potajé abondan.

2° S'il s'agit d'un *adjectif* non suivi de son substantif :

le singulier et le pluriel, *pron.* le singulié é le pluriel.
le premier à l'ouvrage,   — le premié a louvraje.

T

☞ Je recommande tout particulièrement l'étude de cette liaison aux étrangers ; car rien n'est fait pour offenser nos oreilles comme la liaison de *t* pratiquée mal à propos.

La consonne *t*, en fin de mot, est loin de se lier toujours ; et, pour établir clairement la théorie de sa liaison, il importe de faire deux cas : dans le premier, *t* sera précédé des consonnes *c*, *r*, et, dans le second, il ne viendra point après ces consonnes.

PREMIER CAS. — T *est précédé de* C *ou de* R.

Les finales dans lesquelles *T* est précédé de *C*, sont les suivantes : *act, ect, ict, inct ;* et voici celles où il est précédé de *r : art, ert, ort.*

Maintenant je vais dire quand et comment chacune de ces finales se lie au mot qui la suit.

Finales **ACT, ECT, ICT, INCT.**

Toutes celles de ces finales qui appartiennent à des mots où *t* est muet, se lient, au moyen du *c*. Ainsi, dans

district immense, *on pron.* distrik im'mance.
aspect imprévu,   — aspek inprévu.
respect humain,   — respek umin.
suspect à quelqu'un,   — suspek a kelkun.
instinct aveugle,   — instink aveugle.
son distinct et articulé, — son distink é articulé.

NOTA. Dans un certain nombre de mots *t* de la finale *ect* sert de lettre de liaison, ce qui a lieu dans *abject, correct, direct, infect,* etc. ; mais alors *t* n'est pas muet dans les mots isolés.

Finales **ART, ERT, ORT, OURT**.

Comme le *t* est muet aussi dans les mots ayant ces finales, c'est au moyen du *r* que la liaison s'opère. Cette liaison, du reste, est très-faible :

l'art oratoire,	*pron.*	lar oratoir...
il sert à table,	—	il sèr a table.
transport aveugle,	—	transpor aveugle.
rapport officiel,	—	rapor oficiel.
sort heureux,	—	sor eureu...
il dort en paix,	—	il dor-an pè...

Mais cette règle a deux exceptions : les mots ayant la finale *ourt* et l'adverbe *fort,* modifiant un adjectif ou un autre adverbe, prennent *t* comme lettre de liaison :

elle est fort aimable,	*se pron.*	el è for *T*émable.
ils sont fort instruits,	—	il son... for *T*instrui.
il accourt aussitôt,	—	il acour *T*ô-ĉitô.

Second cas. — T *n'est précédé ni de* C *ni de* R.

Les finales que la consonne *t* termine dans ce cas peuvent se ranger en deux catégories : celles où *t* se lie toujours, et celles où *t* peut tantôt se lier, tantôt ne pas se lier.

Finales dont le **T** se lie toujours.

Ce sont les suivantes : *aient, ait, at, aut, oint, ont, ot, out* et *ut.* Ainsi, dans les groupes suivants :

ils faisaient attention,	*pron.*	il fézè... *T*atan-cion.
fait indubitable,	—	fè *T*indubitable.
un dégât affreux,	—	un dégâ *T*afreu...
défaut impardonnable,	—	défô *T*inpardonable.
il a feint une migraine,	—	il a fin *T*une migrène.

Finales dont le T peut tantôt se lier, tantôt ne pas se lier.

Ces finales sont : *ant, ent, eint, ent, et, ont* et *unt.*

Voici maintenant, pour chacune d'elles, dans quels cas il faut faire la liaison par le *t,* et dans quels cas il faut s'en abstenir.

Ant, ent, doivent toujours être liés quand ils appartiennent à un adjectif, à un verbe ou à une préposition.

> je l'ai vu courant et jouant, *pron.* je lé vu couran *T*é jouan.
> il est prudent et sage,   — il è prudan *T*é saje.

Mais s'il s'agissait d'un substantif, on ne devrait faire la liaison que s'il était suivi de son adjectif. Ainsi, comme ce n'est pas le cas dans les exemples suivants :

> un aspirant au doctorat, *on pron.* un aspiran ô doctora.
> le géant et le nain, — le jé-an é le nin.

Éant. Dans les substantifs *géant, fainéant, néant,* le *t* se lie, à la condition que ces mots soient *suivis* d'un adjectif :

> un géant affreux, *pron.* un jé-an *T*afreu.
> néant épouvantable, — néan *T*épouvantable.

Mais dans tout autre cas, ils ne peuvent donner lieu à aucune liaison.

Eint se lie toujours, excepté dans le mot *teint.* On prononce donc sans liaison :

> son teint a de la fraîcheur.

Et. Généralement le *t* de cette finale se lie ; ainsi, dans les mots

> le flageolet et la flûte, *pron.* le flajolè *T*é la flûte.
> le roitelet et la mésange, — le roit'lè *T*é la mézanje.

Mais dans la conjonction *et* il ne se lie jamais. On a pu remarquer, en effet, dans tous les exemples déjà cités qui renferment cette conjonction, que le *t* reste toujours muet. Cette liaison serait une grosse faute.

Ompt. Il n'y a pas liaison quand cette finale appartient à un verbe de la quatrième conjugaison :

il interrompt à tout moment, *se pron.* il inter-ron à tou moman.
il rompt avec regret, — il ron avec regrè.

Il n'y a que dans l'adjectif *prompt,* suivi de son substantif, qu'on lie le *t :*

un prompt effort, *pron.* un pron *T*éfor...
un prompt effet, — un pron *T*éfè.

Ont. Dans les mots *affront, front, mont, pont,* suivis d'un adjectif, le *t* se lie toujours. Ainsi dans ces groupes :

il a le front élevé, *pron.* il a le fron *T*élevé.
un mont escarpé, — un mon *T*escarpé.
un pont affaissé, — un pon *T*afè-cé.

Hormis ce cas, le *t* reste muet, et aucune liaison ne peut avoir lieu.

Unt. Le *t* se lie dans *défunt,* quand ce mot est immédiatement suivi d'un substantif. Ainsi, dans

mon défunt ami, *on pron.* mon défun *T*ami.

Mais dans *emprunt,* il n'est pas permis de faire la liaison. Ainsi,

un emprunt onéreux, *se pron.* un nanprun onéreu...

 Ici je dois avertir les étrangers que lorsque dans un groupe il y a déjà plusieurs *t,* ce qui est passablement désagréable à l'oreille, il faut, autant que possible, se garder de faire des liaisons où devrait sonner cette lettre. Ainsi, dans

c'est un attentat à ta liberté, *on pron.* cè *T*un *N*atanta a ta liberté.
ils marchent à ta lumière, — il marche à ta lumière.

et cela, en vertu de cette remarque déjà faite, qu'une règle établie en faveur de l'euphonie doit cesser d'être appliquée dès qu'elle vient à offenser l'oreille.

7

Z

Manquer de lier cette consonne avec le mot suivant, c'est violer une des règles fondamentales de notre prononciation :

le nez et les yeux, *se pron.* le né **Z**é lè zieu...
vous causez avec lui, — vou côzé **Z**avec lui.

§ 2. Consonnes qui s'adoucissent pour la liaison.

Elles sont au nombre de trois : *f, s, x.*

F

Il y a des mots qui ne souffrent pas la liaison de *f* final ; ce sont : *clef, cerf, baillif* (le premier et le dernier s'écrivent généralement sans *f* aujourd'hui) :

une clef à vis, *pron.* une clé a vice.
le cerf et la biche, — le cer é la biche.
un baillif intègre, — un bailli intègre.

Dans tous les autres cas, la liaison a lieu :

motif important, *pron.* moti **F**inportan.
chef intrépide, — chè **F**intrépide.

Nota. Quand il s'agit de *neuf,* on change *f* en *v* pour la liaison

neuf enfants, *pron.* neu **V**anfan...
quatre-vingt-neuf années, — katre-vin neu **V**ané...

S

Cette consonne se lie *toujours ;* mais, pour cela, elle s'adoucit et sonne comme *z.*

de profonds abîmes, *pron.* de profon... **Z**abi...me.
le fils indocile, — le fi **Z**indo-cil.
un tapis orné de fleurs, — un tapi **Z**orné de fleur...
des corps isolants, — dè cor **Z**izolan...

☞ Quand plusieurs *s* finals se présentent de suite, il faut, autant que possible, ne point les faire sonner tous, surtout si au milieu des mots à lire, se trouvent encore d'autres *s* sonnant *z ;* cette prononciation serait insupportable. On fait alors une pause ou deux pour diminuer les sons *z.*

Par exemple, au lieu de : Nous allons alors au jardin, on peut mettre *alors* entre deux pauses et dire : Nous allons... alors... au jardin.

X

On doit toujours le lier au mot suivant ; mais il faut bien se rappeler que, soit qu'il soit *muet,* soit qu'il sonne *se,* il doit s'adoucir en *z :*

dix hommes,	*pron.*	di *Z*ome...
six enfants,	—	si *Z*anfan. .
un crucifix et une vierge,	—	un crucifi *Z*é une vierje.
curieux et indiscret,	—	curieu... *Z*é indiscrè.

§ 3. Consonnes qui deviennent plus dures pour la liaison.

La langue française en compte deux : *d* et *g*.

D

Cette consonne se change en *t* quand elle se lie. Ainsi, dans

prend-il ?	*on pron.*	pran-*T*il ?
tend-on ?	—	tan-*T*on ?
vend-elle ?	—	van-*T*èl ?
rend-il ?	—	ran-*T*il ?

Mais la liaison n'a pas toujours lieu, loin de là ; il importe donc de connaître les finales avec lesquelles on doit la faire et celles avec lesquelles on doit s'en abstenir.

Il y a deux cas à considérer : *d* précédé de *r*, et *d* non précédé de *r*.

Premier cas. — D *précédé de* R.

Dans toutes ces finales, qui sont au nombre de quatre : *ard, erd, ord, ourd,* le *d* est toujours *muet,* et la liaison se fait au moyen de *r*, lequel, du reste, doit très-peu se faire sentir. Dans les groupes suivants :

hasard aveugle,	*pron.*	hazar aveugle.
regard assuré,	—	regar a-suré.
il perd un temps précieux,	—	il per un tan précieu....
un abord agréable,	—	un abor agréable.
il est lourd et stupide,	—	il è lour é stupide.

Il y a cependant une exception à cette règle : le *d* se lie avec le son propre dans

nord-est,   *pron.* nor-deste.

nord-ouest,   —   nor-doueste.

SECOND CAS. — D *non précédé de* R.

Les finales que *d* termine dans ce cas se rangent en trois catégories : celles dans lesquelles *d* se lie toujours, celles dans lesquelles il ne se lie jamais, celles dans lesquelles il peut tantôt se lier, tantôt ne pas se lier.

Finales dans lesquelles D se lie toujours.

Ces finales sont *aid, and,* et voici les conditions de leur liaison :

Aid. Dans l'adjectif *laid* suivi d'un substantif. Ainsi, dans

un laid animal, *on pron.* un lai *T*animal.

And se lie toujours. Ainsi, dans

un grand homme,   *on pron.* un gran *T*ome.

quand arrive-t-il ?   —   kan *T*arive-til ?

un brigand indomptable,   —   un brigan *T*indontable.

Finales dans lesquelles D ne se lie jamais.

Elles sont au nombre de deux : *œud, id.* Dans les groupes :

un nœud assez serré, *pron.* un neu acé sèré.

nid à rat,   —   ni a ra.

Finales dans lesquelles D peut tantôt se lier, tantôt ne pas se lier.

Ces finales sont : *end, ied, oid, ond;* et voici les circonstances dans lesquelles le *d* sert à la liaison et celles où il n'y sert pas :

End. Cette finale, quand elle appartient à la troisième personne d'un verbe, se lie toujours. Ainsi, dans ces mots :

apprend-il ? *on pron.* apran-*T*il ?

rend-il ?   —   ran-*T*il ?

entend-il ?   —   antan-*T*il ?

Ied. Généralement le *d* ne se lie pas. Ainsi, dans ce qui suit :

pied écorché,   *on pron.* pié écorché.

loger à pied et à cheval, — logé a pié é à ch'val.

Cependant l'usage a autorisé la liaison dans les locutions suivantes :

un pied à terre,   *pron.* un pié *T*a tère.

armé de pied en cap,— armé de pié *T*an cap.

Oid se lie dans l'adjectif *froid,* mais seulement quand cet adjectif précède son substantif :

un froid orateur, *pron.* un froi *T*orateur.

souffler le froid et le chaud, — souflé le froi é le chô.

Ond. Dans les substantifs de cette finale, on ne lie jamais le *d* :

un fond inépuisable, *pron.* un fon inépuizable.

plafond orné richement, — plafon orné rich'man.

vagabond impudent,   — vagabon inpudan.

Quand cette finale appartient à un verbe ou à un adjectif suivi de son substantif, le *d* se lie toujours. Ainsi, dans

il répond à tout,   *pron.* il répon *T*a tou.

le ciel se fond en eau, — le ciel se fon *T*an nô.

il tond un mouton,   — il ton *T*un mouton.

un fécond orateur,   — un fécon *T*orateur.

un second appareil,   — un segon *T*apareil.

Nota. On doit se rappeler, au sujet de l'adjectif en *ond* suivi de son substantif, que beaucoup d'autres adjectifs de terminaisons diverses, se lient toujours quand ils sont dans une même position relative.

G

Quand cette consonne se lie, elle se prononce *k.* Mais quand cette liaison doit-elle avoir lieu, et quand ne faut-il pas la faire ?

Dans les finales *eing, eng, oing,* le *g* ne se lie jamais. Ainsi, dans

mettez votre seing à cet écrit, *pron.* mété votre cin à cè técri.

un hareng excellent,   — un aran ek-cèlan.

le poing et le pied,   — le poin é le pié.

Les finales suivantes, *ang* et *ong* ne se lient que dans *rang, sang* et *long*.

un rang honorable, *pron.* un ran *K*onorable.
un sang échauffé, — un san *K*échôfé.
de long en large, — de lon *K*an larje.

Le *g* se lie toujours dans le substantif *bourg*. Ainsi, dans

un bourg incendié, · *on pron.* un bour *K*incendié.

mais dans les noms propres composés de *bourg*, le *g* ne se lie pas :

Strasbourg et Munich, *pron.* Strasbour é Munik.
Saint-Pétersbourg et Moscou, — Saint-Pétersbour é Moscou.

Avant de terminer ce chapitre, il me reste à faire une observation très-importante pour les étrangers.

Dans la conversation, il faut se garder de donner une trop grande attention aux liaisons, surtout si l'on peut faire une légère pause entre les mots ; car la liberté qui doit régner dans les entretiens familiers, et l'ignorance où l'on est le plus souvent du mot qui va suivre, ne permettent point d'être rigoureux à cet égard.

C'est dans la lecture accentuée seulement et dans la déclamation, où l'orateur connaît d'avance le mot suivant tel autre qui finit par une consonne, que les règles que je viens d'exposer reçoivent nécessairement toute leur application.

Pourtant il y a un certain nombre de liaisons qui ne peuvent *jamais* être négligées, pas plus dans la conversation que dans la lecture : ce sont celles du substantif avec l'article ou l'adjectif qui le précède, celles du verbe avec les pronoms sujets placés avant lui ; et enfin, celles des modificatifs adverbes avec les adjectifs ou les adverbes auxquels ils se rapportent.

CHAPITRE III.

DU TON A DONNER A CE QU'ON LIT.

Supposez que l'on applique à un morceau quelconque toutes les règles que j'ai données jusqu'ici, tant pour les mots isolés que pour les mots réunis en phrases. Une telle lecture n'offrirait-elle plus rien à désirer? Pourrait-elle constituer ce qu'on appelle une bonne prononciation?

Loin de là; car d'abord elle serait d'une monotonie accablante, ou, pour mieux dire, un fléau pour l'oreille; et ensuite, eût-elle amené l'auditeur à comprendre, elle aurait encore le défaut capital de n'avoir rien fait pour émouvoir son cœur.

Or, où trouver le perfectionnement qui, pour une double raison, est si indispensable?

C'est dans le *ton,* c'est-à-dire dans des modulations de la voix tellement en rapport avec ce que l'auteur a voulu exprimer, qu'elles donnent une physionomie particulière à chacune de ses pensées.

C'est grâce au ton, en effet, que l'on distingue la demande de la réponse, que l'on ne supplie point comme on menace, que la plaisanterie diffère du langage sérieux, que le désespoir ne ressemble point à l'espérance, une description à une action tragique, que le sourire s'excite autrement que les larmes, qu'on exprime, en un mot, au grand avantage de l'euphonie, tous les états, tous les sentiments de l'âme.

Le ton est comme la palette de la lecture : c'est lui qui fournit aux pensées toutes leurs couleurs, toutes leurs nuances diverses.

Mais quand ceux qui lisent bien sont si rares, qui oserait donner des règles sur cette matière sans y avoir consacré de longues études? Je n'aurai point cette témérité; il est plus prudent que je charge d'un tel soin M. Duquesnois, qui s'en acquittera avec tout le talent d'un maître en l'art de dire.

Deux morceaux que j'emprunterai à cet auteur, l'exposition du
Télémaque, et *l'Académie silencieuse,* puis quelques mots sur la
les cadences avant les pauses : tel sera le contenu de ce chapitre.

Exposition du TÉLÉMAQUE.

Calypso ne pouvait se consoler du départ d'Ulysse. Dans sa douleur,
elle se trouvait malheureuse d'être immortelle. Sa grotte ne résonnait
plus du doux son de sa voix ; les nymphes qui la servaient n'osaient lui
parler. Elle se promenait souvent seule sur les gazons fleuris dont un
printemps éternel bordait son île. Mais ces beaux lieux, loin de modérer
sa douleur, ne faisaient que lui rappeler le triste souvenir d'Ulysse,
qu'elle y avait vu tant de fois auprès d'elle. Souvent elle demeurait
immobile sur le rivage de la mer, qu'elle arrosait de ses larmes, et elle
était sans cesse tournée vers le côté où le vaisseau d'Ulysse, fendant les
ondes, avait disparu à ses yeux. Tout à coup elle aperçut les débris
d'un navire qui venait de faire naufrage ; des bancs de rameurs mis en
pièces, des rames écartées çà et là sur le sable, un gouvernail, un mât,
des cordages flottant sur la côte. Puis elle découvre de loin deux hommes,
dont l'un paraissait âgé ; l'autre, quoique jeune, ressemblait à Ulysse.
il avait sa douceur et sa fierté avec sa taille et sa démarche majestueuse.

(FÉNELON.)

Explication pour la lecture.

C'est un récit ; le ton est donc celui de la narration, mais soutenue, puisqu'il est question de grands personnages. Dans les premiers passages, l'auteur fait une peinture de la situation de l'âme
de Calypso ; elle est triste et mélancolique. Les sons qui commence-
ceront devront donc être un peu bas et longs. Ce n'est pas tout
encore : il faut, pour qu'ils aient du mouvement, que mon imagination me fasse voir Calypso elle-même ; car je ne puis être im-
pressionné et impressionnable qu'en raison de ce que j'ai vu. La
pensée que j'ai à représenter doit donc agir sur moi avant que, par
elle, j'agisse sur les autres. Ainsi, mon imagination m'ayant trans-
porté dans les beaux lieux qu'habite Calypso, et me l'ayant montrée
avec toute sa tristesse, je dis simplement et doucement, en obser-
vant toutefois de détacher les mots les plus saillants de la phrase :

Calypso ne pouvait se consoler du départ d'Ulysse. Dans sa douleur, elle se trouvait malheureuse d'être immortelle.

Malheureuse doit être dit dans un son de voix un peu plus bas ; il faut le laisser tomber, pour ainsi dire, afin qu'il imite, par son laisser-aller, combien la vie était devenue insupportable à la déesse.

Sa grotte ne résonnait plus du doux son de sa voix ; les nymphes qui la servaient n'osaient lui parler.

Les mots *sa grotte* et *les nymphes qui la servaient*, constituant une espèce d'énumération, il faut que ce dernier groupe soit dit sur un ton plus haut que le premier. Les mots *n'osaient lui parler*, pour marquer la crainte, doivent être dits sur un ton plus bas que *les nymphes qui la servaient*, et avec un léger tremblement dans la voix.

Elle se promenait souvent seule sur les gazons fleuris dont un printemps éternel bordait son île.

Le mot *seule* doit être détaché et dit dans un ton de voix plus bas, afin qu'il marque l'isolement.

Mais ces beaux lieux, loin de modérer sa douleur, ne faisaient que lui rappeler le triste souvenir d'Ulysse, qu'elle y avait vu tant de fois auprès d'elle.

Le groupe *mais ces beaux lieux,* doit être plus articulé que celui qui précède, et dit sur un soupir ; *loin de modérer sa douleur,* est une phrase incidente ; il faut la prononcer un peu plus bas que les mots précédents.

Souvent elle demeurait immobile sur le rivage de la mer, qu'elle arrosait de ses larmes ; et elle était sans cesse tournée vers le côté où le vaisseau d'Ulysse, fendant les ondes, avait disparu à ses yeux.

Le mot *immobile* doit être dit plus bas et lentement, afin de faire tableau ; *fendant les ondes,* présentant l'image d'un vaisseau qui vogue rapidement, doit être prononcé plus haut et précipitamment, sans sortir toutefois du mouvement général.

Tout à coup elle aperçut les débris d'un navire qui venait de faire naufrage ; des bancs de rameurs, des rames écartées çà et là sur le sable, un gouvernail, un mât, des cordages flottant sur la côte.

Ici le ton mélancolique, qui a régné dans les phrases précédentes, doit disparaître presque entièrement. C'est un tableau différent ; par conséquent, il faut de nouveaux sons. Ce passage marque la surprise, mais une surprise inquiète, qui cherche à se rendre compte de tout ce qu'elle voit.

Il y a là une énumération dont les membres ont des compléments. Ceux-ci doivent toujours être prononcés sur un ton plus bas ; quant aux mots complétés eux-mêmes, il faut en hausser le ton jusqu'à *des rames*, descendre un peu pour prononcer *gouvernail*, et continuer ainsi à monter en prononçant *un mât, des cordages*.

Qu'on n'oublie pas que la phrase doit être dite avec le mouvement qu'indique le sens, qui est la surprise cherchant à se rendre compte.

Puis elle découvre de loin deux hommes dont l'un paraissait âgé ; l'autre, quoique jeune, ressemblait à Ulysse. Il avait sa douceur et sa fierté avec sa taille et sa démarche majestueuse.

Il faut prononcer *de loin* sur un ton plus bas ; *deux hommes* doit être accentué davantage, afin de fixer sur eux l'attention. Le ton doit exprimer, à la vue de ces étrangers, la surprise et la terreur. *Douceur* doit être prononcé bas et doucement, parce que les sons doivent toujours être en harmonie avec les mots ; *fierté* se dira plus haut afin qu'il fasse contraste avec *douceur*. Quant à *sa démarche majestueuse*, ils doivent aussi être dits sur un ton plus haut pour peindre la majesté.

Sans doute on sent déjà ici combien il est difficile de bien lire ; on le sentira mieux encore après l'explication du morceau suivant :

L'ACADÉMIE SILENCIEUSE.

Il y avait à Amadan une célèbre académie, dont le premier statut était conçu en ces termes : Les académiciens penseront beaucoup, écriront

peu, et ne parleront que le moins qu'il sera possible. On l'appelait l'Académie silencieuse; et il n'était point en Perse de vrai savant qui n'eût
l'ambition d'y être admis.

Le docteur Zeb, auteur d'un petit livre excellent, intitulé *le Bâillon,*
apprit au fond de sa province qu'il vaquait une place dans l'Académie
silencieuse. Il part aussitôt; il arrive à Amadan, et, se présentant à la
porte de la salle où les académiciens sont assemblés, il prie l'huissier
de remettre au président ce billet : « Le docteur Zeb demande humblement la place vacante. » L'huissier s'acquitta sur-le-champ de la commission; mais le docteur et son billet arrivaient trop tard : la place était
déjà remplie.

L'académie fut désolée de ce contre-temps; elle avait reçu, un peu
malgré elle, un bel-esprit de cour, dont l'éloquence vive et légère, faisait
l'admiration de toutes les ruelles, et elle se voyait réduite à refuser le
docteur Zeb, le fléau des bavards, une tête si bien faite, si bien meublée !
Le président, chargé d'annoncer au docteur cette nouvelle désagréable,
ne pouvait s'y résoudre, et ne savait comment s'y prendre. Après avoir
un peu rêvé, il fit remplir d'eau une grande coupe, mais si bien remplie, qu'une goutte de plus eût fait déborder la liqueur. Puis il fit signe
qu'on introduisît le candidat. Il parut avec cet air simple et modeste
qui annonce presque toujours le vrai mérite. Le président se leva, et,
sans proférer une seule parole, il montra, d'un air affligé, la coupe emblématique, cette coupe si exactement pleine. Le docteur comprit de
reste qu'il n'y avait plus de place à l'académie; mais, sans perdre courage, il cherchait à faire comprendre qu'un académicien surnuméraire
n'y changerait rien. Il voit à ses pieds une feuille de rose, il la ramasse,
la pose délicatement sur la surface de l'eau, et fait si bien qu'il ne s'en
échappe pas une seule goutte.

A cette réponse ingénieuse, tout le monde battit des mains; on laissa
dormir les règles ce jour-là, et le docteur Zeb fut reçu par acclamation.
On lui présenta sur-le-champ le registre de l'académie, où les récipiendaires devaient s'inscrire eux-mêmes. Il s'y inscrivit donc, et il ne lui
restait plus qu'à prononcer, selon l'usage, une phrase de remerciment;
mais, en académicien vraiment silencieux, le docteur Zeb remercia sans
dire mot; il écrivit en marge le nombre 100 : c'était celui de ses nouveaux confrères; puis, en mettant un *zéro* devant le chiffre, il écrivit
au-dessous : « Ils n'en vaudront ni moins ni plus (0,100) ». Le prési-

dent répondit au modeste docteur, avec autant de politesse que de présence d'esprit ; il mit le chiffre *un* devant le nombre *cent,* et écrivit : « Ils en vaudront dix fois davantage (1,100) ».

(*L'abbé* BLANCHET.)

Explication pour la lecture.

Ce récit est simple et spirituel. Le ton dans lequel on le dira devra avoir le charme de la conversation de bonne compagnie ; la moindre prétention en détruirait l'effet.

Il y avait à Amadan une célèbre académie dont le premier statut était conçu en ces termes : « Les académiciens penseront beaucoup, écriront peu et ne parleront que le moins possible. »

Amadan, lieu de l'action, doit être lu légèrement haut. Quant au statut, comme c'est le fond de l'action, il est nécessaire d'en bien détacher toutes les parties ; puis, attendu que la pensée va en décroissant, le ton devra suivre ce mouvement en prononçant *penseront, écriront, ne parleront.* Le sens exige que *le moins possible* soit prononcé sur un ton très-bas.

On l'appelait l'Académie silencieuse ; et il n'était point en Perse de vrai savant qui n'eût l'ambition d'y être admis.

Ces mots *l'Académie silencieuse,* comme titre, ont besoin d'être plus articulés.

Le docteur Zeb, auteur d'un petit livre excellent, intitulé *le Bâillon,* apprit au fond de sa province qu'il vaquait une place dans l'Académie silencieuse.

Le nom *Zeb* doit être dit un peu haut ; *le Bâillon,* un peu plus haut, parce que c'est un titre ; *du fond de sa province,* sur un ton bas, pour marquer l'éloignement.

Il part aussitôt, il arrive à Amadan ; et, se présentant à la porte de la salle où les académiciens sont assemblés, il prie l'huissier de remettre au président ce billet : « Le docteur Zeb demande humblement la place vacante. »

Il faut élever le ton sur *à Amadan ;* prononcer légèrement bas ces mots : *se présentant à la porte de la salle ;* plus bas : *où les académiciens sont assemblés ;* mais haut, *le docteur Zeb demande la place vacante,* pour bien mettre en relief la demande du docteur.

L'huissier s'acquitte sur-le-champ de la commission ; mais le docteur et son billet arrivaient trop tard, la place était remplie.

Pour montrer le zèle de l'huissier, prononcez *sur-le-champ* avec vitesse.

L'académie fut désolée de ce contre-temps ; elle avait reçu, un peu malgré elle, un bel-esprit de cour, dont l'éloquence vive et légère, faisait l'admiration de toutes les ruelles, et elle se voyait réduite à refuser le docteur Zeb, le fléau des bavards, une tête si bien faite, si bien meublée !

Le ton doit exprimer le mécontement de l'académie d'avoir reçu un protégé du pouvoir, et de se trouver ainsi forcée de refuser le docteur Zeb. Les adjectifs *vive* et *légère* seront prononcés un peu haut, pour caractériser l'éloquence du bel-esprit ; le *fléau des bavards* sera dit haut, parce qu'il caractérise le docteur Zeb lui-même ; et enfin, *si bien faite, si bien meublée,* auront un ton ascensionnel, puisqu'il y a gradation.

Le président, chargé d'annoncer au docteur cette nouvelle désagréable, ne pouvait s'y résoudre, et ne savait comment s'y prendre.

Les mots *chargé d'annoncer,* etc., devront être dits sur un ton plus bas que celui de *président,* parce qu'ils forment une incidente.

Après avoir un peu rêvé, il fit emplir d'eau une grande coupe, mais si bien remplie, qu'une goutte de plus eût fait déborder la liqueur ; puis il fit signe qu'on introduisît le candidat.

Il faut que le mouvement soit lent, pour indiquer que tout a été fait avec réflexion. Les mots *si bien remplie* se diront en élevant le ton.

Il parut avec cet air simple et modeste qui annonce presque toujours le vrai mérite.

La gradation exprimée par *simple et modeste* exige que le ton aille en diminuant.

Le président se leva, et, sans proférer une seule parole, il lui montra, d'un air affligé, la coupe emblématique, cette coupe si exactement pleine.

Abaissez le ton sur *sans proférer une seule parole,* abaissez-le davantage sur *d'un air affligé,* et prononcez crescendo la répétition *la coupe... cette coupe.*

Le docteur comprit de reste qu'il n'y avait plus de place à l'académie; mais, sans perdre courage, il cherchait à faire comprendre qu'un académicien surnuméraire n'y changerait rien.

Que *de reste* soit prononcé haut, car c'est comme s'il y avait *que trop bien.* Quant aux mots, *qu'un académicien surnuméraire,* il faut les prononcer plus haut encore, pour mettre en évidence ce que le docteur s'efforçait de faire comprendre.

Il voit à ses pieds une feuille de rose ; il la ramasse, il la pose délicatement sur la surface de l'eau, et fait si bien qu'il ne s'en échappe pas une seule goutte.

Un sourire doit indiquer le plaisir que le docteur éprouve en voyant un objet qui lui permet d'exprimer sa pensée sans parler.

Ce tableau sera peint avec des sons légers et gracieux, et cependant posés. On n'oubliera pas de prononcer *délicatement,* sur un ton bas qui indique la précaution prise par le docteur Zeb.

A cette réponse ingénieuse, tout le monde battit des mains. On laissa dormir les règles pour ce jour-là, et le docteur Zeb fut reçu par acclamation.

Battit des mains, reçu par acclamation, seront prononcés haut, mais on se gardera bien de les dire fortement: ce serait un non sens ; il s'agit d'une académie silencieuse.

On lui présenta sur-le-champ le registre de l'académie, où les récipiendaires devaient s'inscrire eux-mêmes.

Sur-le-champ, qui marque l'empressement, sera dit avec rapidité.

Il s'y inscrivit donc, et il ne lui restait plus qu'à prononcer, selon l'usage, une phrase de remerciment; mais, en académicien vraiment silencieux, le docteur Zeb remercia sans dire mot.

Dites bas *selon l'usage,* ainsi que *en académicien vraiment silencieux,* puis haut le mot *Zeb,* qui est un nom propre, le héros de cet apologue.

Il écrivit en marge le nombre *cent;* c'était celui de ses nouveaux confrères; puis, en mettant un zéro devant le chiffre, il écrivit au-dessous : « Ils n'en vaudront ni moins ni plus. »

Prononcez haut le mot *cent* ainsi que *ils n'en vaudront,* qui est un compliment à l'académie; baissez le ton sur *ni moins,* puis haussez-le sur *ni plus.*

Le président répondit au modeste docteur, avec autant de politesse que de présence d'esprit. Il mit le chiffre *un* devant le nombre *cent,* et écrivit : « Ils en vaudront dix fois davantage. »

Dites dans un ton légèrement haut : *avec autant de politesse,* plus haut : *que de présence d'esprit. Un* devra aussi être haut, *cent* plus haut; *ils en vaudront,* également haut; enfin *dix fois davantage,* plus haut que tout le reste, pour indiquer la supériorité de valeur.

Nota. Les intonations ne doivent atteindre leur diapason que lorsqu'on déclame, c'est-à-dire lorsque, se substituant au personnage lui-même, on rend ses pensées, ses sentiments en se servant du double moyen de la voix et du geste. Dans une lecture, celui qui lit n'étant que l'intermédiaire entre les personnages et l'auditoire, le ton s'affaiblit, de même que dans un petit tableau les ombres et les lumières offrent moins de vigueur que dans un autre de dimensions plus grandes. Une simple lecture ne serait-elle pas burlesque si elle était faite sur le ton de la déclamation?

CADENCES QUI PRÉCÈDENT LES REPOS.

Dans un des chapitres qui précèdent, j'ai parlé des repos que l'on doit faire en lisant une phrase, dans le double but d'être plus intelligible pour celui qui nous écoute, et moins fatigué par le besoin de respirer.

Mais, pour bien lire, ce n'est pas tout que de tenir compte de ces repos, il faut encore savoir de quelle manière la voix *s'y prépare*, et comment *elle les exécute;* car il ne faudrait pas croire que ce soit avec *le même* son de voix qu'il soit permis d'arriver aux points, aux deux-points, aux virgules, et même aux endroits où se font les repos que la ponctuation ne marque pas.

A chacun de ces repos, la voix *doit s'élever un peu,* puis *s'abaisser ensuite,* pour produire ce qu'on appelle la *cadence* ou chute finale.

Quant à la cadence elle-même, elle doit être proportionnée aux repos qu'elle annonce.

La pause est-elle peu sensible, la chute sera légère; le repos est-il plus marqué, plus décisif, la cadence sera plus fortement caractérisée.

Mais une chose qu'il ne faut pas oublier, c'est que dans les phrases qui sont des périodes (pensées composées de plusieurs autres dont le sens est suspendu jusqu'à un dernier repos commun à toutes), tous les membres, à l'exception du dernier, doivent avoir une *même* cadence. Ainsi, dans la phrase suivante :

> Qu'un vieillard joue le rôle d'un jeune homme, lorsqu'un jeune homme jouera le rôle d'un vieillard ; que les décorations soient champêtres, quoique la scène soit un palais ; que les habillements ne répondent point à la dignité des personnages : toutes ces discordances nous blessent.

les repos qui se font après *vieillard* et *palais* donnent lieu à des chutes pareilles; et, quant à celui qui vient après *personnages*, il diffère un peu des autres, afin de faire pressentir que c'est le dernier membre de la période.

Nota. Si les membres d'une période sont composés de parties analogues, ces parties seront aussi séparées par des repos d'une cadence semblable : c'est ce qui a lieu pour les pauses qui suivent *jeune homme* et *champêtres*.

La règle de la cadence est presque naturelle ; et la preuve, c'est que si, par quelque méprise, nous arrivons à un repos sans l'avoir préparé, ou sans faire exactement la chute qu'il exige, nous nous hâtons de nous reprendre, et nous faisons sentir aux dernières syllabes, après avoir jugé de la longueur du repos, la cadence qui est proportionnée à cette longueur.

Peu de lecteurs manquent donc à faire la cadence ; mais beaucoup la rendent inutile et même désagréable à l'oreille, et cela, de deux manières :

1° En faisant indistinctement toutes les cadences sur *le même ton,* ce qui jette une monotonie insupportable dans la prononciation ;

2° En affaiblissant tellement la voix et en diminuant tellement la force des articulations, que les dernières syllabes finissent par ne plus être entendues.

Ce sont là deux grands défauts que toute personne voulant arriver à bien lire ne saurait trop s'efforcer d'éviter.

CHAPITRE IV.

Nos sentiments et nos pensées se manifestent sous deux formes par l'écriture : la prose et les vers.

Or, jusqu'ici j'ai entretenu mes lecteurs de la prononciation de la prose; il ne me reste donc plus, pour avoir terminé cette première partie de mon cours, qu'à leur parler de la lecture des vers.

Soumis à d'autres lois de construction, contenant plus d'inversions, susceptibles de plus d'ellipses, revêtant la pensée d'une manière plus élégante et plus pompeuse, interprètes spéciaux de l'imagination, la plus brillante et la plus désordonnée de nos facultés, les vers offrent nécessairement au lecteur bien des difficultés qu'il ne trouve point dans la prose.

Ces difficultés sont de deux sortes : celles qui tiennent aux règles de la versification, et celles qui concernent spécialement le débit.

Je vais dire quelques mots des unes et des autres.

§ 1ᵉʳ. DIFFICULTÉS RELATIVES A LA VERSIFICATION.

Parmi les différentes choses dont le poète a besoin de tenir compte pour composer ses vers, il y en a quatre qui peuvent créer des embarras dans la lecture : *l'élision, le repos, la rime* et *la licence.*

Je vais donc examiner sous ces quatre titres les difficultés de prononciation proprement dite.

L'Élision.

Il importe aux étrangers de bien savoir ce qui suit :

1° Dans les vers, lorsqu'un mot finit par un *e muet* et que le mot suivant commence par une voyelle ou un *h* non aspiré, *il ne faut jamais prononcer cet e.* Ainsi ces vers :

> J'aime une épouse ingrate et n'aime qu'elle au monde.
> On peut être héros sans cesser d'être humain.

se prononcent :

> Jè-mu-né-pou-zin-gra-té-naim*eu* qu'è lau monde.
> On peu têtr*eu* éro san cècé dê trumin.

Nota. Cette règle s'observe quand même les deux mots sont séparés par une virgule. Ainsi, dans ces vers :

> Jadis, sur son trépied, la Pythie agitée,
> Du dieu même remplie, était moins tourmentée.

l'*e* de *remplie* sera aussi bien supprimé que celui de *Pythie*.

2° Toutes les fois que *es, ent,* se trouvent au milieu d'un vers, ils doivent se prononcer *eu* très-bref; c'est seulement à la fin qu'ils sont nuls. Ainsi, dans les vers :

> Les hommes après l'or s'empressent et se foulent.
> Justes, ne craignez point le vain pouvoir des hommes.

il faut prononcer :

> Lè zom*eu* zaprè lor sanprè-c*eu*-té se foul.
> Just*eu*, ne crègné poin le vin pouvoir dè zom'.

Il y a exception pour les formes verbales où *ent* vient après *ai, oi.* Ainsi, dans

> Aux arbres qui couvraient les eaux,
> Nos lyres tristement demeuraient suspendues,
> Tandis que nos maîtres nouveaux
> Fatiguaient de leurs cris nos tribus éperdues.

on prononce *couvraient, demeuraient* et *fatiguaient,* comme s'il n'y avait pas *ent;* seulement on allonge *ai,* en vertu d'une règle de prosodie connue.

3° Lorsqu'au milieu d'un vers on rencontre l'une des finales *ée, ie, oue, oie,* suivie d'un mot commençant par une voyelle ou un *h* muet, on doit bien se garder de prononcer comme s'il *n'y avait pas d'e muet;* car, supposez que l'on prononce ainsi dans

Troie embrâsée, armée invincible, nue obscure, vie inconnue,
Pythie agitée, etc.,

on produirait, pour ainsi dire, autant d'hiatus, ce qui n'est point admissible dans la lecture des vers.

Pour obtenir une prononciation correcte, il faut donner une prosodie exacte aux finales en question; alors il se fait un prolongement de son qui va se perdre dans la voyelle qui suit, et qui prévient ainsi l'hiatus inévitable sans cette précaution.

Le repos.

Dans la construction de nos grands vers (ceux de douze et de dix syllabes), nous avons deux sortes de repos : l'un qui se fait au milieu du vers, qu'on appelle *hémistiche,* l'autre qui se fait à la fin, et qu'on appelle *repos final.*

Maintenant faut-il observer ces repos dans la lecture?

Beaucoup de personnes croient que, pour bien lire les vers, on doit s'arrêter à l'hémistiche et à la fin de chaque vers.

C'est une grave erreur.

Dans la lecture de la poésie, comme dans celle de la prose, il faut que la pensée ait la même liberté; nulle part elle ne doit se ressentir de la contrainte des chaînes de la versification. Il faut lire les vers sans s'arrêter ni fléchir la voix ailleurs qu'aux endroits où le sens s'arrête, se coupe et demande l'inflexion. On ne fait de repos à l'hémistiche et à la fin de chaque vers que si le sens l'exige.

NOTA. Autrefois on s'arrêtait à l'hémistiche et au repos final; mais cette manière insupportable de lire les vers est entièrement bannie aujourd'hui.

La rime.

Doit-on faire sentir la rime dans la lecture des vers? Certainement, dit **M.** Duquesnois, car sans cela il n'y aurait plus de versification.

Mais il faut le faire avec art, et l'art consiste ici à conserver l'harmonie de la rime en faisant disparaître la monotonie par des enjambements savamment combinés, c'est-à-dire en passant rapidement d'un vers à l'autre, en ayant soin toutefois de bien détacher la rime, surtout si elle se termine par *e* muet seul, ou suivi de *s*, *nt*.

La licence.

Entre autres priviléges, les poètes ont celui de faire deux syllabes de diphthongues qui ordinairement n'en ont qu'une en prose; comme par exemple, dans les verbes en *ier*, dans les noms où *ié* est suivi de *t*, dans les diphthongues en *ion*, etc.

Maintenant la question est de savoir, quand on lit des vers, s'il faut prononcer deux syllabes ou une seule.

D'après Dubroca, il n'en faut jamais prononcer qu'*une seule*; car il ne doit pas être permis d'énoncer les mots d'une langue autrement que d'après la manière consacrée. Ainsi, dans ces vers de M. de Lamartine :

> Et les vaisseaux, grands alcyons,
> Comme à leurs nids les hirondelles,
> Portèrent sur leurs larges ailes
> Leur nourriture aux nations.

On ne prononcera point *alcy-ons, nati-ons,* mais bien comme en prose.

☞ En terminant ce paragraphe, je recommanderai tout particulièrement aux étrangers qui désirent apprendre à lire les vers français, de bien se garder de *chanter* en les prononçant. Ce chant, qui consiste à faire revenir souvent *les mêmes* inflexions de voix, est un défaut qu'une oreille française ne peut supporter.

§ 2. Difficultés qu'offre le débit des vers.

Je n'ai point pris sur moi de donner des règles lorsqu'il s'est agi du ton de la prose; me siérait-il bien d'en venir proposer pour le débit des vers?

Non, assurément. J'appellerai donc encore quelqu'un à mon aide, et, cette fois, ce sera un poète, qui pourra enseigner mieux que tout autre, comment doit se parler « le langage des dieux ».

Écoutez donc François de Neufchâteau, qui va traiter ce second et dernier paragraphe.

Manière de lire les vers.

. . . .

. . . .

C'est peu d'aimer les vers, il faut les savoir lire;
Il faut avoir appris cet art mélodieux
De parler dignement le langage des dieux;
Cet art qui, par les tons des phrases cadencées,
Donne de l'harmonie et du nombre aux pensées;
Cet art de déclamer, dont le charme vainqueur
Assujétit l'oreille et subjugue le cœur.

. . . .

. . . .

Mais ces vers mal rendus perdent leur énergie.
Il est une secrète et puissante magie,
Il est un art de lire et de se pénétrer
Des transports qu'un auteur nous voulut inspirer;
D'entrer dans sa pensée, et, d'une voix facile,
D'assortir en tout temps son organe à son style;
D'atteindre son essor, d'éviter avec lui
Et la monotonie, et l'enflure et l'ennui;
D'égayer à la fois, de la voix et du geste,
Ces mots, ces traits piquants d'un railleur vif et leste;
De donner leur couleur aux comiques tableaux
Qu'a tracés en riant la muse des Boileaux;

De prendre un ton plus noble, un accent plus sublime,
Dans ces vers que prononce ou Zaïre ou Monime ;
D'emprunter le coup d'œil et l'âme d'un héros,
Quand Coligny, d'un mot, fait pâlir ses bourreaux ;
De s'élever enfin jusqu'au ton d'un grand homme.

. . . .

. . . .

Mais si le goût du chant fait le prix des beaux airs,
La pompe du débit est le charme des vers.
Voyez-vous ce cristal où les yeux d'une belle
Cherchent de ses attraits une image fidèle ?
Tel doit être un lecteur ; il offre à notre esprit
Le miroir animé des beautés d'un écrit :
L'amante de Narcisse, en nos forêts errante,
Redit d'un dernier mot la syllabe mourante ;
Mais des chants de la muse, écho plus assidu,
Tout ce qu'elle prononce un lecteur l'a rendu.
Combien d'art il lui faut ! C'est peu qu'il fasse entendre
L'organe le plus souple et la voix la plus tendre ;
C'est peu qu'il réunisse à ces premiers talents
Un geste pittoresque et des regards parlants ;
Que dis-je ? ce n'est rien, si le ciel inflexible,
Pour le rendre éloquent, ne l'a créé sensible.

Ah ! comme en prononçant des vers mélodieux,
La flamme du génie animera ses yeux !
Comme il captivera nos âmes entraînées !
Comme il fera couler les heures enchaînées !
Comme on se souviendra des vers qu'il aura lus !
Imprimés dans le cœur, ils n'en sortiront plus.

. . . .

. . . .

Gardons-nous d'imiter, dans sa folle lecture,
Dans ses roulements d'yeux et ses contorsions,
Ce fanatique amant de ses productions,
Ce furieux rimeur, qui, d'un ton ridicule,
Comme un vrai possédé, s'agite, gesticule,

Tourmente notre oreille, épuise son gosier,
Et croit être sublime à force de crier.
Jadis, sur son trépied, la Pythie agitée,
Du dieu même remplie, était moins tourmentée.

O poètes chéris! ô troubadours charmants!
Laissez à des jongleurs ces affreux hurlements;
Soyez simples et vrais : cette emphase maussade
Étonne quelquefois, jamais ne persuade.
Prédicateurs forcés, vos terribles sermons,
Sans émouvoir nos cœurs, déchirent vos poumons.

Oh! que j'aime bien mieux le lecteur doux et sage,
Dont le feu modéré s'accroît à chaque page,
Et qui, dès son début, sans le prendre si haut,
Ménage sa chaleur et tonne quand il faut!

Ainsi, quand Nivernais daigne, aux muses fidèle,
Lire à l'Académie une fable nouvelle,
Il sait d'un charme heureux enivrer les esprits;
Chaque vers est saillant, chaque mot a son prix;
Tout fait image en lui, tout sert à l'éloquence;
Ses discours, ses regards, et même son silence.
Ainsi les Grecs charmés environnaient Nestor;
Il cessait de parler, on l'écoutait encor.

FIN.

TABLE ANALYTIQUE

DES MATIÈRES CONTENUES DANS CE VOLUME.

CHAPITRE II.

CHAPITRE III.

LIVRE SECOND.

CHAPITRE IV.

FIN DE LA TABLE.

Imprimerie de A. Guyot et Scribe, rue Neuve-des-Mathurins, 18.

Imp. Guyot et Scribe, rue Neuve-des-Mathurins, 18.